断熱等級で室温はどう変わるか

第3章P106（©東京大学前真之准教授）

① 断熱等級4

② 断熱等級5

③ 断熱等級6

④ 断熱等級7

内窓

⑤築40年の住宅の脱衣所。
内窓設置前は窓が冷たくなっている

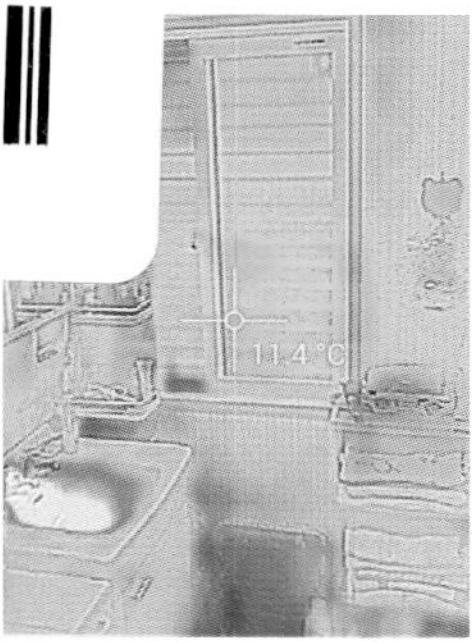

⑥内窓設置後は窓の部分からの
冷気が和らいだ

床の断熱の効果を検証

第3章P123
(©東京大学前真之准教授)

⑦床断熱をする前

⑧床断熱後、家具がエアコンの温風を妨げている状態

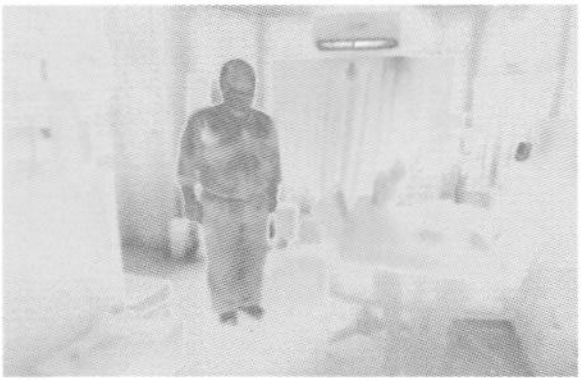

⑨床断熱後、家具を移動させた状態

暑い小学校の教室を断熱改修

第4章P171～173
(©東京大学前真之准教授)

⑩通常撮影

⑪窓はカーテンのみ、断熱、遮熱はなし
(最初の段階)

⑫窓を遮熱し、天井断熱なしの場合

⑬窓を遮熱し、天井を断熱した場合

「断熱」が日本を救う

健康、経済、省エネの切り札

高橋真樹
Takahashi Masaki

a pilot of wisdom

はじめに——カギは「家の燃費」？

冬の朝、寒さで布団から出られない。夏の夜は暑くて寝つけないけれど、エアコンをつけると冷えすぎる。電気代やガス代の高騰で、光熱費が大変……。このようなことで頭を悩ませていないでしょうか。

これらはすべて、家の燃費が悪いことが原因です。「車ならわかるけれど、家の燃費なんて聞いたことがない」と思う方もいるはずです。いままで、日本では人生で一番高い買い物である家の燃費について、売る側も買う側も気にしてきませんでした。それによって、住まい手の人生にさまざまな損失が生じてきました。例を挙げれば、「交通事故より多くの人が家庭内の事故で亡くなっている」「窓が結露してカビが増え、アレルギーが悪化する」「光熱費や修繕費などのランニングコストとして、家をもう一軒買えるほどの費用を支払う」といったことなどです。

しかし、家の燃費を抑え、さまざまな問題を解決する方法はすでに存在します。それが、本書のテーマである「断熱」と「気密」です。これまでは、寒さや暑さをがまんするか、もしくは光熱費をたくさん使って適温にするか、という選択肢しかありませんでした。でも、住宅をしっかり断熱すれば、冬も夏も快適に、そして光熱費を抑えて過ごせるようになるのです。「新築だけの話でしょう?」と思うかもしれませんが、いま住んでいる住宅でも可能です。

家の燃費性能が悪いことで損をしているのは、住んでいる人だけではありません。国家経済やエネルギー安全保障といった面でも、実は大きな損失を招いています。そしてこのままでは、そのせいで日本はさらなる危機を迎えてしまいます。危機を逆転するための切り札が、家の燃費性能を高める「断熱」なのです。

私はこの10年間、住宅の断熱についての取材を重ねてきました。その過程で、偶然にも世界レベルのエコハウスに住むことになり、そこでの暮らしぶりについて発信をするようになりました。そして、大袈裟《おおげさ》ではなく「断熱が日本を救う」と考えるようになりました。

この本は、そうした自身の体験も踏まえながら、これからの日本社会にいかに断熱が必要かについて伝えるものです。

本書の構成は次のようになっています。第1章では、住宅の断熱性能が悪いことでどんな問題が起きているかについて、個人や家族の健康と家計、さらには経済に焦点を当ててまとめました。第2章では、エコハウスに暮らすようになった私個人の経験と、高気密・高断熱の家の住み心地や、よく誤解される点について紐解《ひもと》いています。第3章は、実際に住宅を新築したり断熱改修したりするときに、注意すべきポイントをまとめました。第4章では、断熱・気密を通して社会課題の解決にチャレンジする実践事例を紹介しています。最後の第5章では、自治体や国レベルの住宅政策にまで広げて、脱炭素（カーボンニュートラル）や持続可能なまちづくりを探っています。豊かで可能性に満ちた断熱の世界に、足を踏み入れてみましょう。

※本書では「エコハウス」「高気密・高断熱の家」「高性能住宅」などの用語を、ほぼ同じ意味で使用しています。エコハウスの定義は、第2章と第3章で詳しく述べています。

目次

第2章　エコハウスってどんな家?　秘密と誤解を大解剖!

第3章　エコハウスの選び方と断熱リノベーション

第4章　断熱で社会課題を解決！

賃貸アパートは「暑い」「寒い」「うるさい」
手頃な家賃の超高性能アパート
段違いな住み心地
隣室や上階の音がしないアパート
課題は資金調達
ビジネスのためにアパートを断熱
空き家であふれる日本
断熱&エネルギー自給で「ほくほく」に暮らす
空き家断熱賃貸
守られない室温基準
エアコンとセットで断熱も
高校生が始めた教室の断熱改修
焼けるような暑さの教室
学校の断熱改修は行政の責務

第5章　断熱は持続可能なまちづくりのカギ

図版作成・レイアウト／ＭＯＴＨＥＲ

第1章　「がまんの省エネ」が寿命を縮め、お金を減らす

日本の住宅は穴だらけのバケツ

日本の住宅の断熱性能は、何が問題なのでしょうか。それによって、どのような損失が生まれているのでしょうか。この章では、主に健康と経済を中心に考えます。まず、バケツに上から水が注がれている図をイメージしてください。バケツには穴がたくさん空いていて、下から水が漏れ出しています。バケツを水でいっぱいにするためには、A「もっと水を注ぐ」、B「穴をふさぐ」のどちらを選ぶのが良いでしょうか?

正解はもちろん、B「穴をふさぐ」です。子どもにもわかる問題ですが、残念ながら日本社会は、この問いに対してずっとA「もっと水を注ぐ」という解答を選び続けてきました。

このクイズは、住宅とエネルギーとの関係を示しています。日本の一般的な住宅は、穴だらけのバケツのようにダダ漏れの状態です。どんなにエネルギー(=水)を注ぎ込んでも、穴から漏れて快適にはなりません。合理的に考えれば、住宅の性能を上げる(=穴をふさぐ)必要があるのですが、エネルギーのほうにばかり関心が向けられてきました。

日本のエアコンのエネルギー効率（注ぐ水をつくるための技術）は、世界でもトップレベルです。しかし、建物の断熱性能（バケツの穴）はそのままなので、光熱費ばかりかかって快適にはなりません。日本の住宅では、必要な部屋だけを冷暖房することが一般的です。空調している部屋としていない部屋との温度差が大きく、健康被害が起きています。

さらに経済面でも、バケツの穴から大金が捨てられています。海外から数十兆円かけて輸入した化石燃料を燃やし、そこでつくられた貴重なエネルギーが、住宅の隙間から抜け出しているのです。住宅の断熱性能が悪いことで、私たちは健康、経済、エネルギーなどの各分野で、大きな損失を被ってきたことになります。

「がまんの省エネ」の国

一般の住まい手も、バケツの穴（＝低い断熱性能）をふさぐより、注ぐ水（＝エネルギー）を減らすことを意識しがちです。省エネや節電のための行動について、数々のアンケートが行われています。ほとんどの調査では、「こまめに家電のスイッチを切る」「薄着、厚着でしのぐ」「冷暖房の設定温度を控えめにする」といった回答が上位に挙がります。しかし、このような努力を伴う「がまんの省エネ」を続けるのは、簡単ではありません。しかも、努力の割に効果は限定的です。

一般の人たちの意識が「がまんの省エネ」に向かうのは、仕方のない面もあります。長年にわたって、行政が推奨してきたからです。全国の自治体では、省エネや脱炭素の取り組みとして、夏はノーネクタイやエアコン28℃設定が、冬はタートルネックやエアコン20℃設定が推奨されています。

環境省が冬の省エネ対策として推奨する「ウォームシェア」では、イメージキャラクターが「(家の暖房を止めて)旅行や温泉、銭湯に行くのだって、ウォームシェア」と呼びかけます。また、「みんなで鍋を食べて暖まろう」と、全国の鍋レシピが紹介されています。鍋料理で暖まるのは、一時的なものです。旅行に行けば、家庭で省エネした分など比較にならないほどお金とエネルギーがかかります。いずれも、毎日実践する省エネの方法としては、適切とは言えません。こうした例は、日本が「がまんの省エネ」の国であることを示しています。私たちは、省エネについての常識を、根本から変える必要がありそうです。

過度な「がまんの省エネ」は、健康に悪影響をもたらしています。現在、光熱費の高騰などを受けて、暑さ寒さをがまんして冷暖房を控える人（控えざるをえない人）が増えています。それにより体調を崩したり救急搬送されたりする高齢者の方も増えています。

国際的な基準では、暑さ寒さをがまんして消費エネルギーを減らすことを「省エネ」とは呼びません。そんな苦労をせずとも、より効果的に省エネをする方法があります。それが、バケツに空いた穴をふさぐこと。つまり、住宅の断熱気密性能を高めることです。

日本のトップレベルの基準が世界では違法建築

日本の住宅の断熱性能は、どのようなものなのでしょうか。図1は、2019年度時点の既存住宅の断熱性能を表したグラフです。まず、まったく断熱されていない無断熱の住宅が30％ほどあります。雨風をしのげる程度で、温湿度は外気とあまり変わらないような住宅です。次に、断熱材が少しだけ使われた30年〜40年以上前の基準の「昭和55年基準」「平成4年基準」という住宅が、合わせて60％近くあります。無断熱の住宅と合わせると、日本の約9割の既存住宅がまともに断熱されていないことがわかります。

最後に、日本の23年現在の省エネ基準に適合している住宅が13％です。この省エネ基準

図1　既存住宅（約5,000万戸）の断熱性能の割合（2019年度）

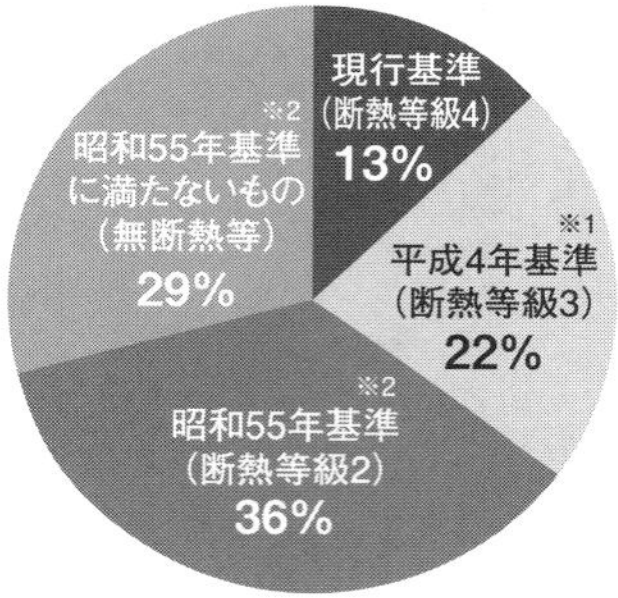

※1：省エネ法にもとづき1992年に定められた基準
※2：省エネ法にもとづき1980年に定められた基準

国土交通省の資料をもとに作成

は「断熱等級4」と呼ばれるグレードで、グラフの中ではもっともよく断熱されています。22年4月までの時点では、断熱等級は低い順から1から4まであり、4が最高等級に位置づけられていました。そのため、断熱等級4の住宅を販売していた工務店やハウスメーカーの中には、「国が定めた最高等級の性能です」と営業する会社もありました。「最高等級」というとすごそうですが、国際的な基準で見ると、そのレベルはまったくすごくありません。

図2では、日本と他の先進各国との断熱基準の差が示されています。横軸は外気温の寒さの度合い、縦軸は断熱のレベルの度合いです。断熱性能を表す数値をUA値（外皮平均熱貫流率）

図2　住宅の断熱基準（UA値）の国際比較

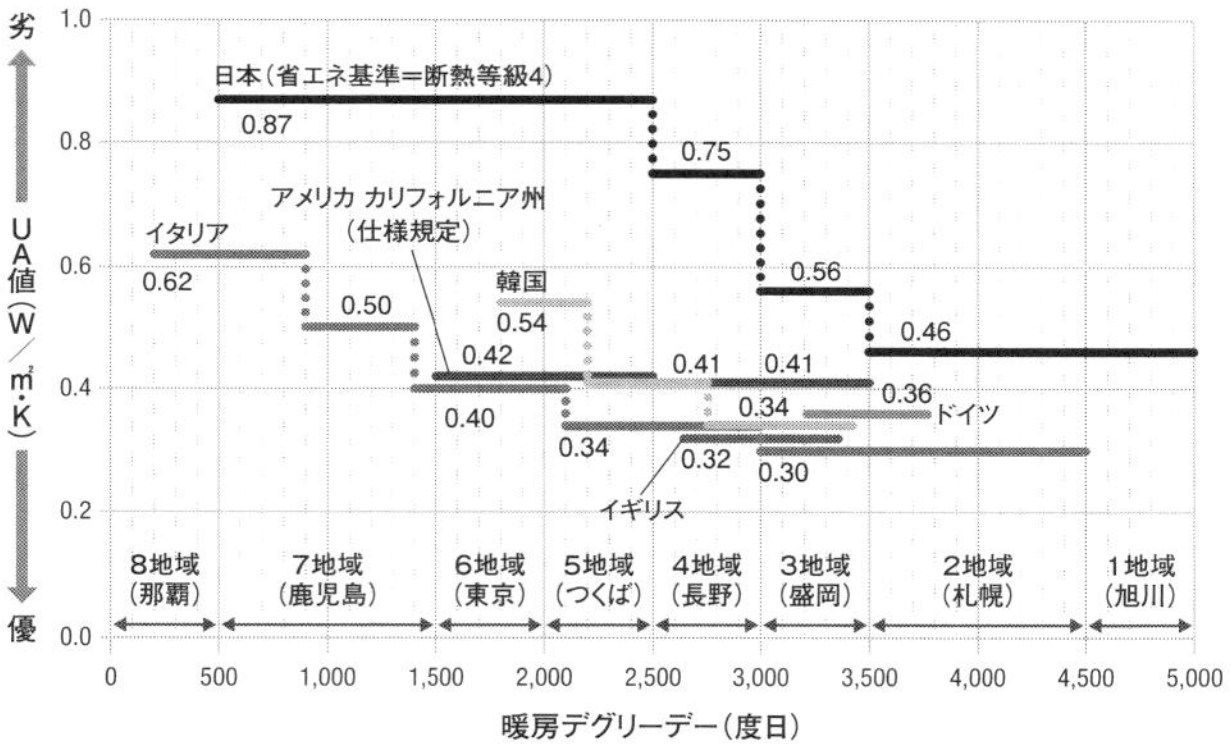

※「暖房デグリーデー」とは、各地域の寒さの度合いを示す指標

2021年の国土交通省の資料をもとに作成（元データは、野村総合研究所：令和3年度「海外における住宅・建築物の省エネルギー規制・基準等に関する調査」）

と言います。UA値は、小さいほど住宅の断熱性能が高くなります。

なお日本の各地域は、国（国土交通省）により8つの気候区分に分けられています。例えば、寒い札幌（2地域）と、東京（6地域）とでは、同じ室温を保ったために必要な断熱材の量は違います。そのため同じ基準（断熱等級4）であっても、暖かい地域と寒い地域とでは、求められる断熱のレベルが異なっているのです。重要なことは、北海道を除く日本のほとんどの地域の断熱基準は、他国と比較すると極めて性能が低いということです。

さらに、他国との決定的な違いがあり

ます。それは、国が断熱レベルを義務化しているかどうかです。日本の省エネ基準（断熱等級4）は努力目標にすぎないので、ほぼ無断熱の住宅であっても、自由に建てることが可能でした。一方、欧米や韓国などでは、住宅の断熱性能の最低基準を法律で定め、義務化しています。図2で示された基準より断熱性能の低い住宅は、建てられません。つまり、この図に載っている国々では、日本でトップレベルの住宅（断熱等級4）は、違法建築となってしまいます。

日本の住宅の性能が、国際社会とこれほど差があるという事実はショッキングかもしれません。しかし、この「断熱等級4」の基準がつくられたのは、いまから25年前の1999年のことです。それが四半世紀も据え置かれたことで、他国との差が開いてしまったのです。個人的な経験ですが、かつてドイツや北欧など、東京より寒い地域から来た友人たちが、東京のアパートで暮らして「東京はとても寒い」と言うのを聞き、不思議に思っていました。しかしこの事実を知り、納得できました。

2022年になって、この日本の断熱に関する制度がようやく見直されることになりました。まず、これまで「最高等級」だった断熱等級4の上に、断熱等級5から7までが新設されました（22年4月及び10月）。また断熱等級4が、25年からは新築住宅の最低基準として義務づけられることになりました。この2つの制度改正は、これまで大幅に遅れていた日本の住宅政策を前進させるものになります。新設された断熱等級の違いについては、第3章で詳しく解説しています。

アルミサッシが主流なのは日本だけ

日本の住宅の低い断熱性能を象徴しているのが、窓です。住宅の中でもっとも熱が出入りする窓やドアなどの開口部からは、夏は74％の熱が家に侵入し、冬は50％の熱が家から出て行きます（図3。断熱等級4で、窓がアルミサッシ&ペアガラスの場合）。

特に数が多く面積も広い窓は、最重要ポイントです。「うちの窓はペアガラス（複層ガラス）だから大丈夫」と考えている人は要注意です。窓は、ガラスと窓枠（サッシ）の組み合わせでできています。日本ではおなじみのアルミサッシですが、実はこのアルミサッシが主に使われてきた国は、先進国で冬に寒くなる地域では日本だけなのです（図4）。なお、この図4の日本のデータは2022年の新築に関してのものなので、既存住宅を含め

図3　窓から出入りする熱の割合

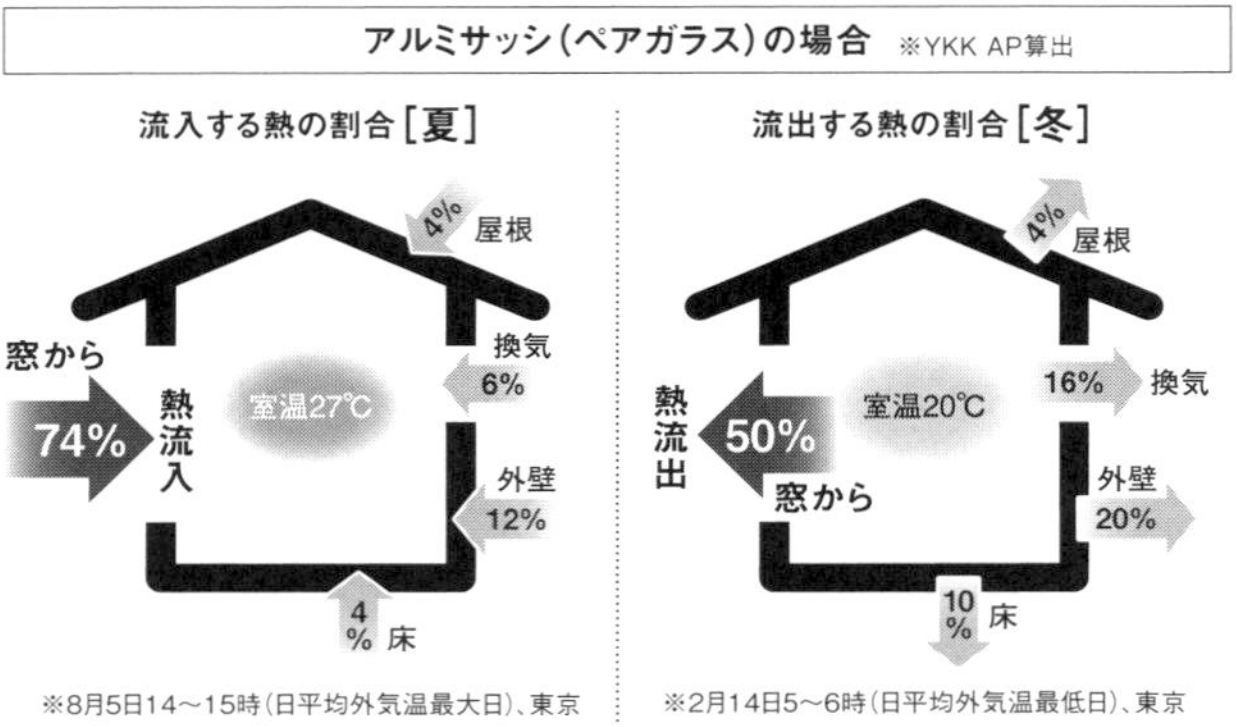

出典：YKK AP HP／窓からの熱の流入出比率の算出条件【解析 No：00033】

た樹脂サッシ普及率は全国でこれより大幅に低いと推測されています。

他国では何が使われているのでしょうか。一般的には熱伝導率の低い樹脂製や木製のサッシが主流です。アルミは、樹脂製や木製に比べて1200倍もの熱伝導率があります。そのため、冬の寒さや夏の暑さを、直接、室内に通してしまいます。また、冬にはサッシが冷えやすいことで高確率で結露が起こり、カビが発生します。カビを餌とするダニも増殖します。それが、さまざまなアレルギー症状を引き起こすと考えられています。

断熱性能の高い住宅に転居した人に、転居前後の体調変化を聞くアンケートでは、ほぼ

図4　新築住宅におけるサッシの素材の国際比較

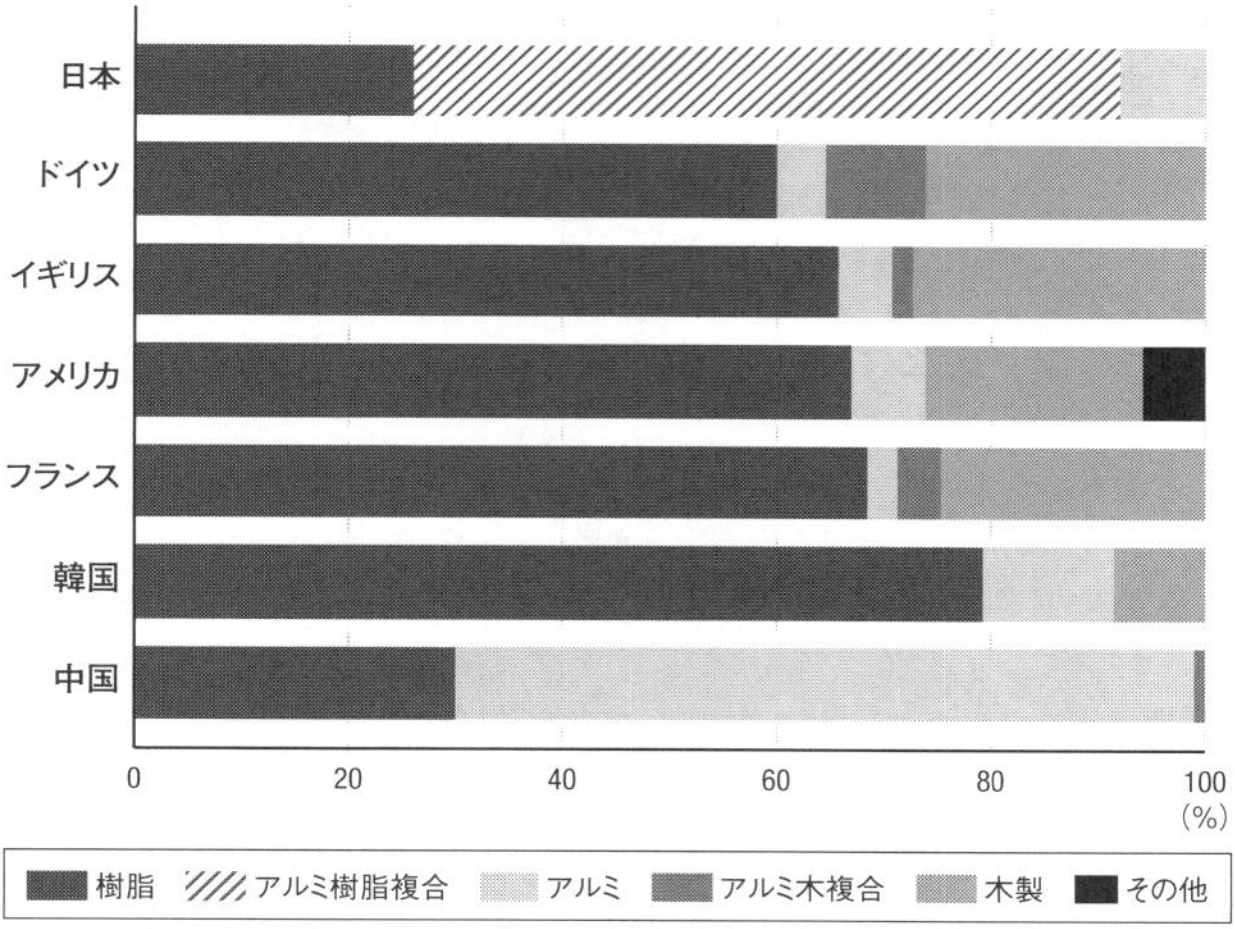

出典:YKK AP　HPより。[日本]2022年3月版 住宅用建材使用状況調査、日本サッシ協会(2022)／[ドイツ、イギリス、フランス] Interconnection Consulting (2016)／[アメリカ] Home Innovation Research Labs (2013)／[韓国] 日本板硝子(株)調査データ(2011)／[中国] 樹脂サッシ普及促進委員会(2000)、YKK AP調べ

すべての人が、アレルギー性鼻炎やアトピー性皮膚炎、気管支喘息《ぜんそく》などが改善したと答えています（図５／近畿大学・岩前篤《あつし》教授の研究より）。しかも、断熱性能が高ければ高いほど、改善率が高まります。理由のひとつには、このカビやダニの問題があります。

　結露が起きるのは、窓ガラスやサッシだけではありません。窓枠の端は、壁の中に取り付けられています。窓やサッシの表面の結露は拭き取ることができ

図5　断熱グレードと健康改善率

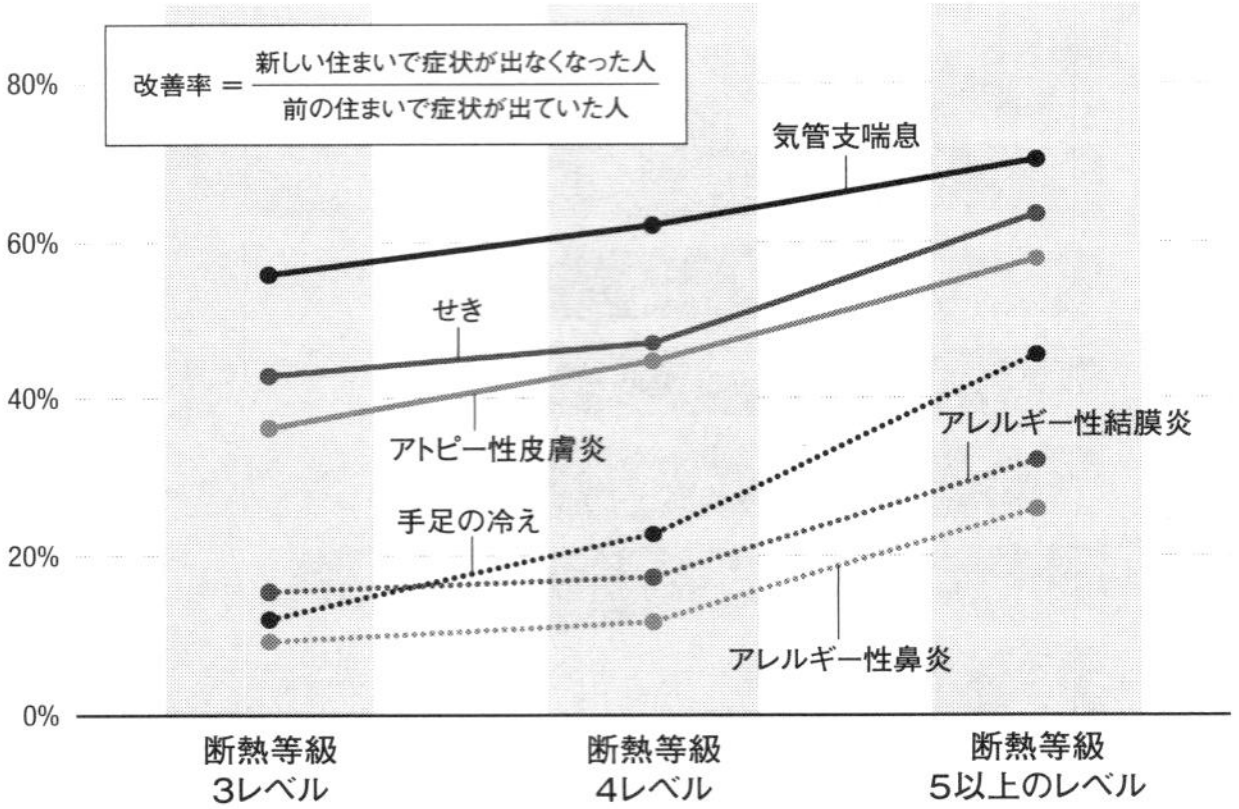

資料提供：近畿大学 岩前篤教授

ますが、壁の中にある窓枠が結露すると「内部結露」となり、拭き取ることができません。その状態が続くと、柱などが腐ったり、シロアリが増えたりといったことが起こります。そうなると、地震の際に住宅が倒壊するリスクも高まります。窓の性能の低さが、住宅の耐久性にダメージを与えるのです。

日本では、窓が結露するのは当たり前と考えられ、ホームセンターなどでは結露対策グッズが大量に販売されています。しかし、住環境のルールが厳しいドイツでは、「人の健康を害する結露が起こるのは誤った設計」という共通認識があり、結露しないのが当たり前です。もし普通に使っていて結露したりカビが生えたりする窓を取り付けた住宅を販売したり貸し出したら、売ったり貸したりしている側が、裁判に訴えられて負ける可能性があります。それほど、住宅の結露やカビが重大な問題だと捉えられています。

世界は樹脂サッシ

日本でも新築住宅に関しては、この数年で急速に樹脂サッシが普及してきました。２０１１年の時点では普及率が７％でしたが、22年には26％に増加しています（図４）。それでもイギリス（76％）やドイツ（64％。ともに16年時点）はもちろん、韓国（80％。11年時点）にも後れを取っています。中国は30％（２０００年時点）ですが、寒冷地ではほぼ普及していると考えられています。また、日本では樹脂サッシを除いた74％にアルミが使われていますが、他の国々（中国を除く）では樹脂以外では木製サッシが多くなっています。

こうした国々では、住宅全体と同様、窓についても性能に関する最低基準が義務づけられています。窓の断熱性能は、熱の伝えやすさを表す「熱貫流率＝U値（W／㎡・K）」という数値で示され、値が小さいほど高性能になります。ドイツはU値1・3、イギリスは1・8、中国や韓国では、地域にもよりますが、2・5前後を最低基準としています。

しかし日本では、窓についても最低基準がありませんでした。先ほど紹介した8つの気候区分にもとづけば、東京、大阪、福岡など、日本の人口の半数以上が暮らす大都市圏を含むエリアは「6地域」となっています。その6地域で、最高等級だった省エネ基準（断熱等級4）をクリアするために必要な数値は、U値4・65です。これは、ペアガラスとアルミサッシの組み合わせで実現できる数値です。4・65となると、各国の最低基準を大きく上回り、ドイツやデンマークと比べると3倍以上も熱を通しやすく、この図にある国々では販売すらできません（図6）。

なお、いまも既存住宅の多くで使われているガラス1枚とアルミサッシの組み合わせではさらに数字が大きくなり、U値6・5です。これより低いレベルの窓は、世界に存在しません。窓の性能の国際比較では、野球にたとえると、現状ではメジャーリーグとリトルリーグくらいレベルが違うことがわかります。

ただし、住宅全体のレベルを上げるのと比べて、窓の性能を上げることはそれほど難しいことではありません。サッシをアルミから樹脂に変更すれば、性能は大幅に改善します。ペアガラス（Low-Eガラス）と樹脂サッシの組み合わせでは、U値は1・6から1・9（メーカーにより違いあり）となり、アルミサッシの2倍以上の性能にアップします。これなら、多くの国の最低基準にも適合もしくは近くなります。また、既存住宅を断熱改修する際も、窓の改修はもっとも簡単にできて、費用対効果に優れた方法です。日本の家を暖かくする第一のポイントは、まず窓にあると言えるのです。

樹脂と聞くと、耐久性を心配する人もいます。プラスチックのバケツや洗濯バサミが、紫外線でボロボロになる様子を思い出す方もいるのではないでしょうか。しかし、樹脂にはさまざまな種類があります。洗濯バサミやバケツなどは、破損しやすい「ポリプロピレン」です。一方、樹脂窓に使われるのは「P

図6　世界各国の窓、断熱性能の最低基準（U値）

ドイツ	1.3
デンマーク	1.5
イギリス	1.8
フランス	2.1
イタリア	2.0〜4.6
韓国	2.7
中国	2.5
日本	断熱基準なし

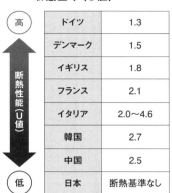

VC（ポリ塩化ビニル）」で、自動車の部品や地中の下水管などに幅広く利用されています。欧州はもちろん、アジアの暑い地域などでも長年住宅に使用されてきたので、耐久性は証明済みです。

ただ日本では、樹脂の耐久性のなさを根拠に、外側がアルミ、内側が樹脂でできた「アルミ樹脂複合サッシ」を推奨してきた窓メーカーもあります。実は現在の新築住宅で、アルミサッシに代わり、もっとも普及しているのはこの窓です。断熱性能は、オールアルミサッシとオール樹脂サッシの中間くらいで、あまり良いとは言えません。ところがそのメーカーの説明では、「樹脂とアルミの良いとこ取りをしたハイブリッド」と、優れた窓であるかのような表現をされてきました。しかし複合サッシは、アルミと樹脂の結合部分で結露が起こりやすいなど、断熱性能の数値以外にも課題が指摘されています。窓のサッシを選ぶ際には、国際基準に適合しないそのような製品を選ばないようにするのが得策です。

寒さで亡くなる人が少ないのは北海道

ここからは、家の断熱性能と健康との関係を見ていきます。まずは夏の熱中症についてです。最近の夏は記録的な猛暑が続き、熱中症で救急搬送される方が増えています。そのうち、もっとも多いのが自宅で熱中症になるケースで、毎年およそ4割を占めています。また、6割前後が65歳以上の高齢者です。[*1] 熱中症で亡くなった高齢者のほとんどが、エアコンをつけていなかったことも指摘されています。[*2] 自宅でエアコンをつけずに倒れる高齢者が多い理由として、エアコンが贅沢品《ぜいたくひん》だと感じる意識や、体温調節機能の衰えにより暑さが感じにくくなることのほか、光熱費を気にしてがまんする傾向もあるとされています。しかし、家の断熱性能が高ければ、エアコンを使用しても消費するエネルギーはわずかで済みます。住宅の断熱性能がきちんとしていれば、この方たちは倒れたり亡くなったりせずに済んだのではないでしょうか。

次に、冬の健康問題について考えていきます。最近は、夏の熱中症に注目が集まりがちですが、実は夏と冬とでは、気温の影響で亡くなる人の数は、冬のほうが圧倒的に多くなっています。熱中症も危険ですが、早めに対処すれば助かる可能性は高まります。一方で冬は、寒さの影響でさまざまな疾患が重症化しやすくなります。

日本での死因の1位はがん（悪性新生物、24・6％）です。2位は心疾患、3位は老衰、

4位が脳血管系疾患です（厚生労働省、2022年）。寒さの影響を受けやすいのは、心疾患と脳血管系疾患で、いずれも血液の循環に関係する病気（循環器系疾患）です。この2つを合わせると、死因の21・6％にのぼります。

また、介護が必要になった人の割合では、循環器系疾患は認知症を上回り、1位となっています。さらに医療費別では、循環器系疾患は、がんを上回り6兆円を超えています。循環器系疾患の増加は、患者や家族が苦しむだけでなく、医療費や介護費などの社会保障費を押し上げ、国民の負担となっています。

全国の都道府県で、冬に家の中の寒暖差で亡くなる人の割合が多いのは、どこでしょうか。図7は、暖かい季節に対して寒い季節に、月平均死亡者の割合がどれくらい増えるかを示したものです。47都道府県を並べて、トップ3とワースト3を抜き出しています。もっとも割合が少ないのが、寒いはずの北海道です。逆に、亡くなる割合がもっとも多いのは、北海道に比べて温暖なはずの栃木県です。栃木県は、北海道に比べ、倍以上も冬季死亡増加率が高くなっています。

ワースト10まで広げると、愛媛や鹿児島、静岡、熊本など、暖かい印象のある四国や九

図7　冬季死亡増加率の比較（上位3県と下位3県）

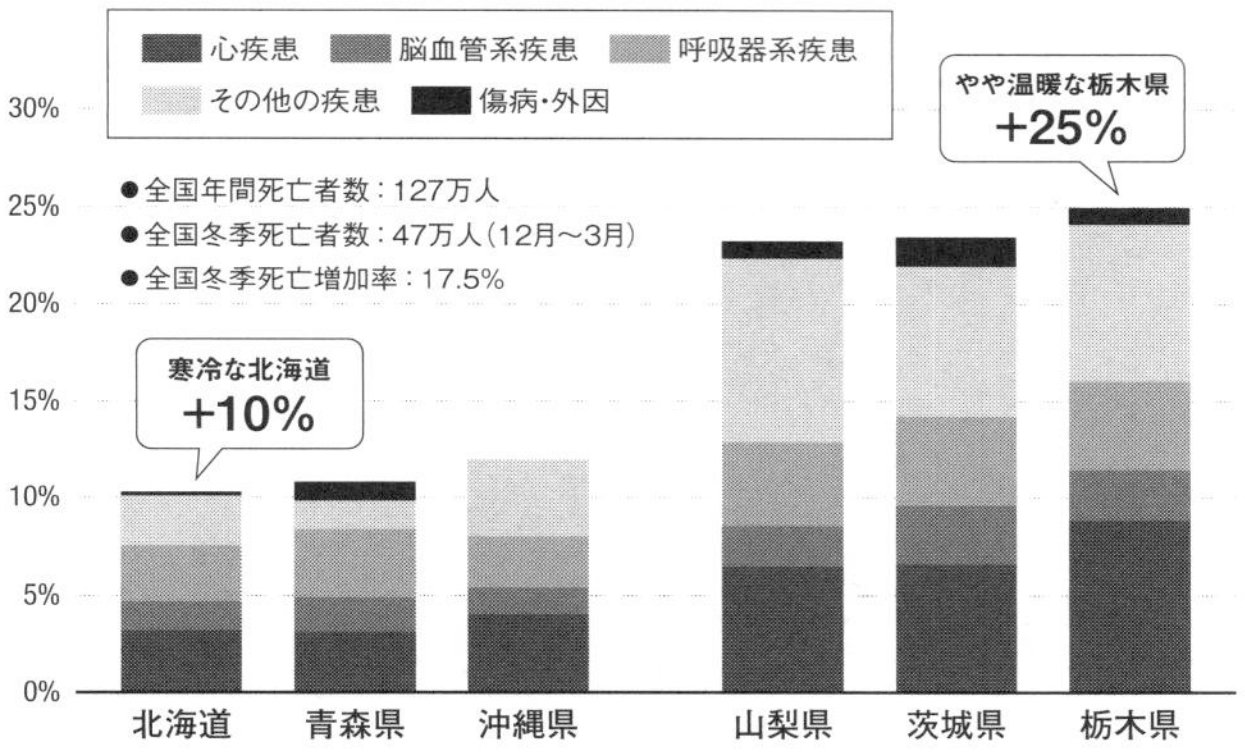

厚生労働省：人口動態統計（2014年）都道府県別・死因別・月別グラフをもとに作成

州の県が入ります（厚生労働省「人口動態統計」、14年）。確かに平均気温だけで見れば、四国や九州は温暖です。しかし、冬季の朝晩はぐっと気温が下がり、家の中が危険な寒さになることも少なくありません。この寒暖差が、リスクをもたらしています。

　都道府県別の冬季死亡増加率と、断熱された住宅の普及率には、相関関係がありました。断熱された住宅が多い地域ほど、冬季死亡増加率が低いことがわかったのです[*3]。総務省が作成した高断熱住宅の普及率を都道府県別に比較する地図が作成されたのは、08年のことです。当時言われていた「高断熱住宅」のレベルは、内窓やペアガラスの窓が基準なので、それほど断熱性能が高い住宅とは言えません。それでも、住宅の断熱性能と健康とが関係していることが示されました。

断熱された住宅と冬季死亡増加率の相関関係の高い関東や四国、九州などでは、内窓やペアガラスは普及していませんでした（08年当時）。これは個人が気をつけるべき問題というよりも、地域・行政レベルで「自分たちの住む地域は暖かい」と錯覚し、断熱対策をおろそかにしてきたことが、冬季死亡増加率を高めてしまった原因につながっていると考えられます。

なお欧州の調査でも、冬の死亡増加率は、温暖なポルトガルやスペインが高く、北欧のフィンランドやデンマークは低いというデータが出ています。暖かいと考えられている地域でも、寒暖差で人が亡くなっているということを、しっかりと認識した上で対策を取る必要があります。

「最低室温18℃」を守れない日本の住宅

国際的な基準では、どれくらいの室温が推奨されているのでしょうか。２０１８年に、

ＷＨＯ（世界保健機関）は「住宅と健康ガイドライン」を発表しました。そこでは、寒さから健康を守る最低室温の基準として、居室を「18℃以上にすべき」という強い勧告を出しています。居室の温度がこれより低くなると、健康に深刻な影響が出るリスクがあるというのです。

ＷＨＯ勧告の根拠のひとつとなったイギリス保健省イングランド公衆衛生庁「イングランド防寒計画」では、室温が18℃未満では血圧上昇や循環器系疾患に影響し、16℃未満では呼吸器系疾患に影響する恐れが報告されています。さらに室温が下がれば下がるほど、さまざまな疾患のリスクが高まります。

ポイントとなるのは「最低室温」という部分で、18℃あれば十分という意味ではありません。寒さの影響を受けやすい高齢者や小児はさらに暖かい温度が必要とされています。より重要なことは、家族が集まるリビングだけでなく、「家全体が18℃以上」という点です。これを「全館暖房」と呼びます。欧米や韓国などでは、人のいない部屋も暖める全館暖房が一般的で、居室によって極端な温度差が出ることはありません。家全体を暖房すれば、とんでもない光熱費がかかると思われるかもしれません。しかし、こうした国々の住宅は、一般的に断熱性能が高く、全館暖房をしても家計を圧迫するほどの光熱費はかかりません。

日本では、住宅の断熱性能が著しく低いため、家全体ではなく部屋ごとに暖房する「間欠暖房」が一般的です。リビングに家族全員が集まってその部屋だけ暖房することは、一見すると効率が良さそうです。しかしリビングだけが18℃でも、廊下や脱衣所、浴室、トイレなどは極端に低温になるため、健康の観点からは推奨できません。図7で、北海道の冬季死亡率が低かった理由は、断熱性能を高め、全館暖房をしている住宅が多いからです。

ヒートショック死は交通事故死の6倍以上？

部屋間の温度差の大きさが健康に影響する例としては、いわゆる「ヒートショック」が知られています。主に冬の浴室やトイレなどで血圧が変動することで、失神、心筋梗塞、脳梗塞などを引き起こすものです。

日本では、冬場の暖房の効いたリビングと、無暖房の廊下や脱衣所、トイレなどとの温度差は、平均15℃程度あります。暖かいリビングから、寒い脱衣所に行って裸になると、血圧が急上昇します。さらにお風呂の設定温度を高めにしていると、湯船に入った瞬間に血圧が一気に下がります。血圧の急激な上昇と下降の繰り返しが、脳や心臓、血管などにダメージを与えます。それにより意識を失ったり、心筋梗塞を引き起こし、浴槽で倒れたり溺れたりしてしまうのです。夜中に目が覚めて、暖かい布団から寒いトイレに行くときも同様です。

では入浴中のヒートショックで、いったいどれくらいの方が亡くなっているのでしょうか？　正確な数は発表されていませんが、消費者庁によると、住宅のお風呂の中で溺れて亡くなった65歳以上の高齢者（溺死者）の数は、毎年5000人前後で推移しています（2021年は4750人）。また、入浴中に倒れて他の疾病に起因する病死として分類された方も加えると、約1万7000人と推計されたこともあります（11年。東京都健康長寿医療センター研究所）。これには、命はとりとめたものの後遺症が残ったり、寝たきりになったりした人の数は含まれていません。それも入れれば、相当な数にのぼることは間違いありません。

全国の交通事故の年間死亡者数は、2610人（22年。警察庁）です。ヒートショックで亡くなる高齢者の数だけでもそれを大きく上回っていますし、1万7000人という推計値なら6倍以上にもなります。交通事故よりも、家のお風呂で亡くなっている方のほうが、はるかに多いのです。この状況を受けて、健康と住宅の断熱性能の関係について研究を続けてきた近畿大学の岩前篤教授は、今後は「いってらっしゃい、気をつけて」ではなく、「お帰りなさい、気をつけて」と言うべきだと注意を呼びかけています。

ヒートショック対策として、自治体や医師が、浴室や脱衣所の暖房を勧めることがあります。一時的な対策としての意味はありますが、十分な断熱をしないまま暖房をつけると、効率が悪く、光熱費も上がってしまいます。ヒートショックの対策としても、脱衣所と浴室の断熱をすることは極めて重要です。

暖かい家が健康寿命を延ばす

欧州などでは、家を暖かくすることが病気を減らすという認識のもと、健康政策のひとつとして住宅政策が取り組まれてきました。一方で日本では、健康と住まいの関係が「エビデンスがない」との理由から軽視されてきたことで、防ごうとすれば防げたはずの住宅内での事故が、起き続けてきました。

しかし最近になって、日本でもようやく住宅と健康の関連性についての学術調査が行われるようになりました。国土交通省と厚生労働省による「スマートウェルネス住宅等推進調査事業」です。2014年度から23年現在まで毎年行われてきたこの全国調査のユニークな点は、建築分野の研究者と医師とが、共同で調査をしていることです。分野を横断するアプローチにより、新しい知見が積み重ねられています。それにより、寒い住環境が高血圧や循環器系疾患に悪影響を与えることが明らかになってきています。そして、これまでにはなかった「生活環境病」という捉え方もされるようになってきました。以下に、同調査事業の成果の一部をお伝えします。

最低室温については、断熱改修を予定している全国約2190軒の戸建て住宅を対象として、冬の2週間の室温を10分ごとに測定した調査があります。リビングに加え、寝室や脱衣所も同時に測定したところ、約9割の住宅（断熱改修前）が18℃を下回っていました。日本ではほとんどの家が、WHOの基準を満たしていないことが裏づけられました。

断熱改修をした約2000軒の住宅に暮らす4000人ほどを対象に、改修前と改修後の健康状態の変化を5年間にわたって比較する調査も行われています。

この調査では、血圧について性別や年齢、肥満の度合いなど、条件を揃《そろ》えて比較した結果、断熱改修後には起床時の最高血圧が平均3・5㎜Hg下がったという結果が出ました。

一般的に高血圧の人は、脳卒中や心筋梗塞など深刻な病気にかかりやすくなります。そこで厚生労働省は、40～80歳代の国民の最高血圧を平均4㎜Hg下げることを目標に掲げています（厚生労働省「健康日本21（第二次）」の目標値）。それを達成できれば、脳卒中による死亡者を年間1万人、心筋梗塞による死亡者を年間5000人減らせるとしています。

これまで血圧を下げる対策としては、減塩や減量、適度な運動、禁煙や節酒などが推奨されてきました。[*4] しかし断熱や暖房によって室温を上げることは「科学的根拠が不十分」として、重視されてきませんでした。ところがこれらの調査結果によって、断熱改修でかなり大きな効果が得られる可能性が出てきました。

同調査事業の委員会で幹事を務める慶應義塾大学の伊香賀俊治《いかがとしはる》教授は、次のように言います。

「これまでは食生活やライフスタイルの変更などあらゆることを総合して、最終的に血圧を4㎜Hg下げることをめざしてきました。ところが調査の結果、住環境を変えるだけで3・5㎜Hgも下がることがわかりました。これには、調査に参加した医師の方たちも驚いていました。これを機に、住まいを暖かくする大切さが見直されればよいと思います」

同調査事業では、住宅を暖かく保つことが、ケガのリスクを減らしたり、他のさまざまな疾病を改善したりする可能性も示されました。例えば、室温と骨折・ねんざとの関連では、平均室温が14℃以上の住宅の居住者に比べ、14℃未満の住宅の居住者は、骨折・ねんざが1・7倍も多くなっています。その理由として、寒さにより皮膚表面の血流量が減り、筋肉が硬直することでケガにつながっている可能性が指摘されています。

また、住宅の断熱改修をして平均室温が上昇した住宅の居住者は、夜間頻尿（過活動膀《ぼう》胱《こう》）、腰痛、睡眠障害、風邪、アレルギー性鼻炎、子どもの喘息やアトピー性皮膚炎など、さまざまな健康に関する症状が改善するという報告も出されています。

伊香賀教授が関わる別の研究では、脱衣場の平均室温が14・6℃の住まいに暮らす人は、それより2・2℃低い住まいに暮らす人よりも、要介護状態になる年齢が4年遅くなる、つまり健康寿命が4歳分も延びるという結果が出ています。この研究はまだデータ収集量が十分とは言えませんが、それでも、住宅の寒さと健康との関連性は、医師や研究者が当初想定していた以上に大きいことがわかり始めています。

なお、寒さや暑さの感じ方については個人差がかなりあり、本人の自覚症状がないまま疾病が悪化するケースもあります。客観的には低温でも、「そんなに寒くない」と感じたり、長年の生活習慣で気にならなくなっている人は多いのです。しかし本人が大丈夫だと思っていても、温度差によって血管や皮膚、内臓はダメージを受けています。WHOが18℃以上という基準を強く打ち出した背景には、寒さの感じ方は人それぞれでも、普遍的に健康に影響を与える温度があるという科学的な知見の積み重ねがあります。

将来のお金が心配な人ほど断熱すべき理由

次は経済面の話です。いくら断熱したほうが健康に良いというデータがあっても、エコハウス（高気密・高断熱の家）にお金がかかりすぎるのであれば、一般の人には手が届きません。しかし、実は将来のお金が心配な人ほど、新築住宅ならエコハウスを選び、既存住宅なら断熱改修するべき理由があります。

新築の場合で説明します。エコハウスの初期費用は、確かに一般的な性能の住宅より費用が高くなります。とはいえ、最低限必要な断熱性能にアップさせるだけであれば、70万円程度から効果が見られます。さらに上の性能を求め、断熱等級4から、世界レベルの断熱等級7にアップさせる場合でも、300万円ほどです。数千万円する住宅1軒分の費用から考えれば、支払えない額とは言えないでしょう。そしてその差額は、いずれ回収することが可能です。

住宅にまつわるお金の話では、日本ではいつも初期費用ばかりが注目されてきました。でも、それでは結果的に損をすることになってしまいます。例えば、住宅購入を検討しているときに、立地や外観、間取りや設備などがまったく同じ2棟の住宅を紹介されたとします。Aの物件は2000万円で、Bは2300万円です。これだけの情報しかなければ、誰もがAを選ぶはずです。

しかし2棟の建物は、断熱気密性能が大きく異なっていました。Aは日本の省エネ基準レベル（断熱等級4）で、Bはドイツ並みのエコハウス（断熱等級7）です。光熱費は、Aが月平均2万円（年間24万円）、Bが8000円（年間9・6万円）になります。電気代などが、将来もいまとまったく同じだったとしても、年に14・4万円の差がつくので、初期コストの300万円の差は21年で逆転します。そしてその後は、Bの建物のほうが毎年14万円以上、得をします。住宅ローンが35年だとしたら、払い終わるまでにBの建物のほうが500万円以上得することになります。初期費用の差額の300万円を引いても、200万円以上のプラスです。

一方、断熱性能の低いAの住宅を選んだ人は、この時点までに500万円のお金を、家にではなくエネルギー会社、もっと言えばアラブの産油国などに支払ったことになります。もちろん付加価値としては何も残りません。

現実的には、金額の差はもっと広がる可能性もあります。例えば電気代は、2022年の1年間だけで平均20％以上も上昇しました。今後も、円安や燃料費の高騰などにより、電気やガスなどのエネルギー価格は、長期的に上昇すると見られています。長い目で見ると、ここで行った計算よりも、Aの家とBの家の光熱費の最終的な差額は、より広がる可能性があるのです。

そこまでわかっていたとしても、初期費用の300万円を捻出するのが難しいという方

図8　建築費（初期費用）と光熱費（ランニングコスト）のバランス

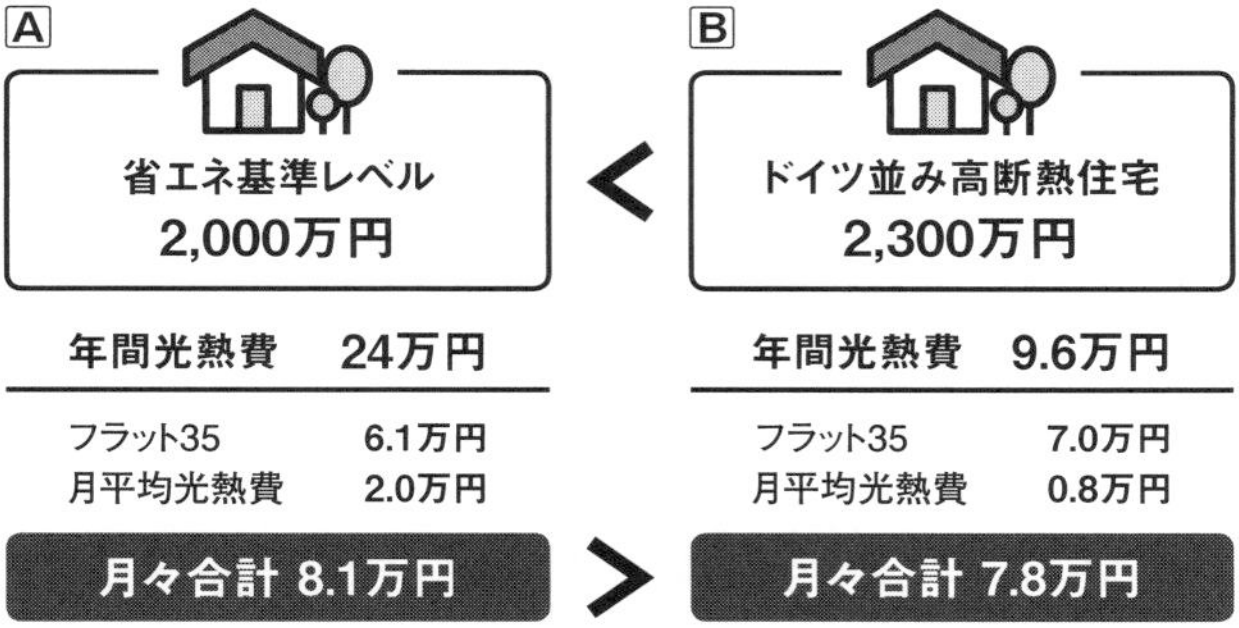

※数値はシミュレーション値のため実際の光熱費とは異なる

はいるでしょう。しかし、毎月のローンの支払いと光熱費の額を合わせて計算すると、実は毎月の出費も変わらないどころか、Bの家を選んだほうが安くなります。Aの家（2000万円）は、ローンの支払いと光熱費の合計が、月8・1万円です。Bの家（2300万円）は、同じく月7・8万円になります（図8）。

このように、断熱性能の低い住宅を選ぶと、将来のお金を失うことにつながります。将来のお金のことを考えるほど、初期費用をかけて断熱性能を高めることは重要なのです。

住宅のトータルコストは光熱費だけではない

ここまでは計算を単純化するために、あえて

図9　初期費用とランニングコストのイメージ

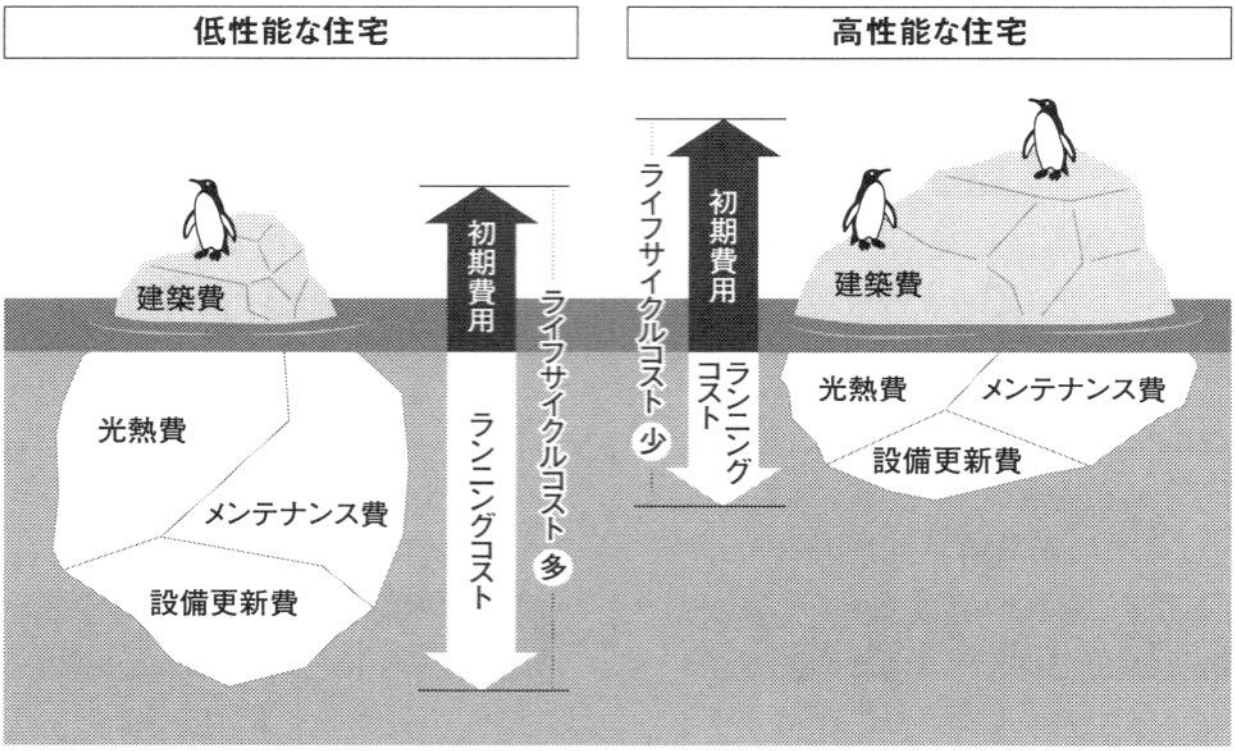

光熱費の違いだけで説明しましたが、住宅のランニングコストは光熱費だけではありません。設備の更新費用や、外壁や屋根の維持・修繕などにかかるメンテナンス費、リフォーム費用などが加わります。住宅の初期費用は氷山の一角で、ランニングコストのほうが大きくなります(図9)。

そして設備更新費やメンテナンス費についても、断熱気密性能を重視した住宅なら、相対的に安く済ませることができます。設備では、エアコンは13年程度で更新するのが一般的ですが、4台必要な住宅と2台で済む住宅とでは、2倍の差が出てきます。また、暑さや寒さ、湿度のコントロールが容易なことで、結露やカビも発生せず、家具や住宅そのものの劣化を抑えることができます。それにより、メンテナンス費も大幅に下がります。こうした出費の差を加えると、Aの家とBの家との差額はさらに広がります。それに加えて、すぐには数値化しにくい健康や快適性についてのメリットもあります。

住宅を断熱化することによる健康面のメリットを金額に試算する試みも行われています。先述のスマートウェルネス住宅等推進調査事業では、夜間頻尿にともなう経済的損失を、当事者が直接支払う費用に加えて、国の健康保険や労働損失費用などの間接費も合わせると、1人あたり年間約11万円と算出しています。住宅が暖かくなればこの費用が不要になります。住宅を断熱して健康的に過ごすことによる経済効果は、個人レベルはもちろん、国レベルでも見過ごせない金額になります。

住宅を建てる際、多くの人は目に見える部分ばかりに注目しがちです。予算が足りない場合は、キッチンや内装、設備、家具などを優先して、断熱など見えないところの予算を削る傾向があります。しかしそれはお勧めできません。家具やキッチンは後から追加したり、リフォームしたりすることが比較的容易ですが、断熱は後から追加するのが簡単ではないからです。

私はよく「断熱は裏切らない」と言っています。どこかで聞いたようなフレーズですが、筋力トレーニングと同様に、断熱もやればやった分だけ効果が感じられるようになります。断熱・気密は目に見えないので、初期費用の支出をためらう気持ちはわかります。でも、住宅を建てる最初の段階でしっかり投資することで、ランニングコストを長期にわたり削減してくれる、ありがたい存在に変わるのです。

住宅の燃費性能のものさし

住宅の燃費やランニングコストのことを伝えると「考えたこともなかった」という方が大勢います。そういう人でも、普段、車や家電を購入する際には、燃費や省エネ性能を意識しているはずです。車や家電よりはるかに高価で、長い時間を過ごす住宅の燃費性能を、多くの人が考える機会がなかった理由はなぜでしょうか。

ＥＵ（欧州連合）では、住宅の燃費性能の表示制度を設けることが義務づけられています。日本で言えば、家電製品に省エネ性能ラベルが付いていますが、それと同様です。不動産屋さんにも、街中の広告にも、駅徒歩〇〇分、3LDKなどといった情報とともに、住宅の燃費が記されています。

EU全土で採用されている燃費性能表示に、「エネルギーパス」という証明書がありま す。エネルギーパスの指標は、年間を通して快適な室内温度を保つために必要なエネルギー量を、「床面積1㎡あたり〇〇kWh（キロワットアワー）」という形で数値化しています。このように共通のものさしで燃費を表示することで、誰もが容易に断熱性能を確認することができるのです。消費者はその情報を、家を借りたり買ったりする際の重要な要件のひとつと考えています。日本では共通のものさしで住宅の燃費性能を示す義務がありません。そのため、各社が独自の基準を設けてアピールしてきましたが、消費者からするとどちらの性能が優れているのか、判断するのが容易ではありませんでした。

日本で住宅の燃費の共通のものさしをつくろうと考え、「日本エネルギーパス協会」を設立した今泉太爾《たいじ》さんはこのように言います。

「日本では住宅の価値は築年数で決まりますが、エネルギーパスが義務づけられているEUでは、家の燃費が重視されています。そのため、燃費の悪い家は賃料や販売価格が割安になります。そこで家の貸し手やつくり手は、家の価値を高めようと、燃費向上に熱心になります。日本でも共通のものさしが一般の人に広まることはとても重要です」

日本ではこれまで、住宅を購入するために長期の住宅ローンを組むのが当たり前でした。しかし、35年ローンを払い終わる頃には老朽化して、住み続けるためにはもう一軒建てるくらいの投資が必要となります。また、各世代が35年ローンを組んで、同じことを繰り返してきました。人生の多くの所得を住宅にかけ続けなければならないその構造は、人々を幸せにするシステムとは言えません。

欧州では、祖父の建てた住宅を孫がリフォームして暮らすケースも珍しくありません。中古住宅でも、質さえ良ければ高値で流通する仕組みがあり、１００年、２００年と住宅を使い続ける社会になっています。そのため日本と欧州では、収入が同じでも、自分の人生のために使えるお金が大幅に違います。その要因のひとつには、住宅の燃費と耐久性の問題があることは間違いありません。

これまで日本の住宅産業は、安くて質の悪い住宅をたくさん建てては壊し、また新築するというスクラップ&ビルドのモデルで商売をしてきました。しかし人口減少時代のいま、それが立ち行かなくなってきています。日本でも、燃費性能が良く、一度建てたら長く使い続けられる質の高い住宅を増やす必要があるのです。

燃料費で日本は赤字に

日本の住宅の性能の低さは、国レベルでの経済的な損失にもつながっています。日本のエネルギー自給率はわずか13・4％（2021年）です。また電力に限っても、自然エネルギーの割合は20・3％にすぎません。この他のエネルギーは、海外から輸入しています。金額にすると18年の化石燃料の輸入額は19・3兆円です。この時点でも、日本の全輸入額の4分の1ほどを占めています。さらに円安と化石燃料の高騰が進んだ22年には、約33・5兆円と跳ね上がりました。この年の日本の貿易収支は21・7兆円ほどの赤字です。エネルギーに支払うお金のために、日本の貿易は赤字になっているのです。

この33・5兆円を、日本の全世帯（5431万）で単純に割ると、1世帯あたりの負担額は、なんと61・7万円にもなります。光熱費としてだけでなく、エネルギーは私たちの暮らしに関わるすべての事業に関わっています。そのためこの金額が、薄く広くさまざまな生活物資やサービスに付加されています。しかもこのお金で買ったエネルギーは、燃えてなくなっているのです。

20年に、日本が化石燃料を輸入した国のリストを見ると、原油では、サウジアラビアをはじめ、湾岸産油国が上位となっています。これらの国々の多くでは、人権侵害や王族による財政の私物化などが指摘されています。また天然ガスや石炭では、ウクライナに軍事侵攻をすることになるロシアが上位に入っていました。すでに経済的に豊かとは言えない日本のお金を、こうした国々に流し続けていてよいのでしょうか。そして、大金を払って輸入したエネルギーを、国レベルで穴の空いたバケツから捨てている現状は、あまりにもったいないことです。

車や家電とどう違う？

日本の住宅の温熱環境についてまとめます。日本の住宅は、国際的な断熱基準にまったく満たない、夏は暑く、冬は寒く、結露が当たり前の環境です。それにより、冬に交通事故を上回る人が亡くなるなど、健康被害が出ています。また、エネルギーのロスが多く、光熱費などのランニングコストが高くつくという、経済的な損失を生じさせています。

日本は先進国で、国際的に自動車や家電の性能が高く評価されてきました。そのため住宅も、漠然と性能が良いと考える人が多かったかもしれません。しかし、車や家電とは大きく異なる点があります。住宅は輸出されないため、国際競争にさらされる機会がなく、閉じた市場の中で性能とは別の部分で業者が競ってきました。

性能を測る共通のものさしがない中で、消費者が家の性能を比べることは困難です。ハウスメーカーの知名度や、「国の省エネ基準の最高性能」などという謳《うた》い文句を信用して住宅を建てたものの、夏は暑く冬は寒い、というケースが後を絶ちません。しかも車や家電と違い、住宅は人生で何度も購入するわけではないため、気づいたことを次に活《い》かす機会がありません。

住宅業界の怠慢を容認してきたのは、監督官庁である国土交通省です。国は住宅業界への配慮を重視して、統一した性能の表示を求めず、最低限の性能を義務化する制度もつくりませんでした。国やメーカーは、１９９５年に起きた阪神・淡路大震災以降、命に直結する耐震性能については力を入れてきました。しかし、省エネ性能については命に関わるものではないとの考えから、軽視してきたのです。

住まい手の生命や財産を守るはずの住宅が、逆にそれらを損ねてきたという事実を、国や住宅業界は大いに反省する必要があります。そして消費者も、これからはハウスメーカーの言いなりではなく、自ら住宅の性能に関心を持ち、学び、行動する、主体的な住まい手になる必要がありそうです。

ようやく起きた変化

ここまで、厳しい現状を書いてきましたが、希望がないわけではありません。日本の住宅の断熱性能の向上に向けて、ゆっくりとではありますが、この10年ほどで変化も起きています。そして2022年末あたりからは、住宅の断熱に対する関心が一気に一般の人にも広まるようになってきました。

例えば、窓のメーカーであるYKK APは10年に、北海道などの寒冷地向けに販売していた樹脂サッシを、全国向けに新たに開発し、積極的にアピールするようになりました。全国販売を開始した当時には、樹脂サッシ窓は受け入れてもらえませんでした。しかし、

11年に東日本大震災が発生し、福島第一原発事故による大規模停電が起きると、寒さ対策やエネルギー問題への関心が高まり、少しずつ評価されるようになりました。

また同じ頃、担当者がドイツやスイスへの研修を通して、欧州の本格的なガラス3枚（トリプルガラス）の樹脂窓に衝撃を受けたことがきっかけとなり、14年にはYKK APでもトリプルガラスの窓が開発されました。YKK APの樹脂窓の販売割合は、11年には7％でしたが、21年には31％、年間で100万組を販売するようになっています。同時期に、他の窓メーカーでも、全国向けの樹脂窓の開発や販売が行われるようになってきました。

また、抜群の断熱気密性能を誇るハウスメーカーである一条工務店の住宅が、人気になりました。10年前までは、積水ハウスなど、それまでトップを走っていた大手ハウスメーカーに比べて無名の存在でしたが、圧倒的な断熱気密性能で評価を高め、現在では注文住宅の着工棟数で毎年上位にランキングされています。いまはYouTubeなどでも、消費者が住宅の性能についての情報を得やすい時代となっています。有名タレントを起用した派手なテレビCMなどをあまりしていない一条工務店が選ばれるようになったことは、住宅の性能に関心を持つ施主が増加したことを意味しています。

国の動きとしては、すでに述べたように25年から最低レベルの基準（断熱等級4）が義務化されることになりました。これまで「最高等級」だったものが最低レベルになる、という意味で大きな変化です。ただし、実はこの義務化は20年にスタートする予定でしたところが直前になり、国土交通省が見送りを決め、結果として5年遅れで始まることになりました。

見送りの理由の1つとして、「省エネ基準などに習熟していない事業者が相当程度いる」というものが挙げられました。「まだ等級4を建てられない事業者がいるため、配慮が必要」という内容です。しかし、国際的には違法建築になるような、レベルの低い住宅でさえ建てられない事業者を守るために、国民の生命や財産を犠牲にするのはおかしな話です。この国の制度が、国民ではなく事業者のためにつくられてきたことがよくわかる出来事でした。

その後、20年に国が脱炭素の目標を決めたことや、一部の政治家や住宅実務者、専門家らが、「等級4くらいの低レベルの性能は義務化して当たり前」と声を上げたことが、前例主義の官庁を動かすことになり、ようやく義務化が決定しました。同時に、断熱等級4を超える断熱等級5から7までが新設されることになりました。これも志のある住宅実務者や専門家が働きかけたことで起きた画期的な変化です。

それに合わせて、住宅の省エネ性能の違いを示すラベルが作成され、24年度から表示が実施される予定です。これは販売や賃貸を行う事業者が、表示の努力義務を負うものです。不動産情報サイトなどで、住宅の省エネ性能が一般の人にわかるよう表示されることにより、これまで見過ごされてきた性能面が、賃貸住宅を選ぶ要素の1つになってきます。ただし、義務ではないことや、燃費性能がわかりにくいといった課題も指摘されているため、消費者がより利用しやすい内容にする修正も必要になってくるはずです。

23年からは、国土交通省、経済産業省、環境省が、3省合同で大規模な断熱リフォームへの補助「住宅省エネ2023キャンペーン」を始めました。これまでも、国や自治体による断熱リフォームへの補助はありましたが、規模は小さなものでした。しかし今回は、総額3000億円ほどの予算で、特に内窓など窓の性能向上に力を入れる「先進的窓リノベ事業」は斬新なものとなっています。また従来は、断熱リフォームに対して一般の方の反応はあまりありませんでしたが、今回は電気代の高騰と暑さ寒さが重なったことで、応募が殺到しました。いずれも、これまでにない状況です。そうした相乗効果も手伝って、以前は報道することのなかった大手メディアでも、23年初頭から建物の断熱の重要性が伝えられるようになってきました。

このようなポジティブな変化はあるのですが、それでもまだ、社会の常識を変えるまでには至っていません。一般の方の関心も、燃料費の高騰や、暑さ寒さが厳しいとき以外には、高まらない傾向があります。国全体で断熱された建物を増やしていくビジョンも、まだ見えてきません。国や事業者は、より早く、高いレベルで断熱された建物を当たり前に建てられる仕組みをつくる必要があります。

第2章　エコハウスってどんな家？　秘密と誤解を大解剖！

エコハウスとは？

第1章では、日本の住宅の性能が悪いことで、さまざまな問題が起きていることを伝えました。流れを変えるのは、高気密・高断熱の「エコハウス」です。この章では、私自身のエコハウスとの出会いと体感を紹介しながら、一般的な日本の住宅との違いを説明します。また、エコハウスについてよくある誤解についても取り上げています。

日本では「エコ（エコロジー）」という言葉の定義が曖昧なので、「エコハウス」と聞いてイメージする住宅は、人によりかなり異なります。例えば、「自然素材でできている家」「エネルギーを自給している家（オフグリッドの家）」「エアコンのない家」などを思い浮かべる人もいるはずです。しかし、それらの要素だけでエコハウスと呼べるわけではありません。

まず、自然素材で建てられていることは、住まい手の健康を維持したり、廃棄するときの環境負荷を減らしたりする意味で、とても大切です。エコハウスの中には、自然素材で建てられているものもあります。しかし自然素材を使っていても、外気の影響を受けやすく、温湿度を保つためにエネルギーを浪費する住宅であれば、エコハウスとは呼べません。

次に、「エネルギー自給の家」はどうでしょうか。送電網（グリッド）と切り離し、自宅でエネルギーを完全に自給することを「オフグリッド」と呼びます。太陽光発電などを活用して、エネルギーを自給することは大切です。でも、そこにこだわりすぎて設備に過剰にお金をかけたり、あえて送電網から切り離したりするのは、経済効率を下げ、緊急時のリスクを高めるためお勧めできません。総合的にエネルギー効率を高め、購入するエネルギーを最小限にすることが合理的です。

3つ目は「エアコンのない家」です。一般的に、「エアコンが嫌い」という声をよく聞きます。実際、「夏場のエアコンによる冷房は苦手ですか？」とのアンケートでは、「とても苦手」「少し苦手」という回答が、過半数の54・9％、女性に限れば64・7％にのぼったことがあります。*1 またエアコンには、エネルギー消費が多いというイメージもあります。

しかし実際には、エアコンは1台で効率的に冷暖房、そして除湿をこなす優れものです。エアコン以外の冷暖房機器と比べると、もっとも省エネです。そのため、エアコンを使わない家がエコとは限りません。

本物のエコハウスは、長期にわたって、社会や環境、住まい手にかける負荷が少ないものを指します。つまり「サステナブル（持続可能）」な住宅かどうかで判断する必要があるのです。

エコハウスを一言で説明するとしたら、「エネルギー消費が少なくてもより快適に過ごせる住宅」と言えます。健康と家計を守り、脱炭素に貢献できる住宅が、本物のエコハウスです。なお、ドイツでは「パッシブハウス」という世界最高峰の超省エネ住宅があり、認定を取るためにはさまざまな基準値が設けられています。例えば一定の室温を保ちつつ、年間で暖房に消費するエネルギーの上限は1㎡あたり15kWh以下です。*2 なお、日本で2022年以前の「最高等級」とされていた断熱等級4の年間暖房負荷は、1㎡あたり127・8kWhと、1桁違います。室温とエネルギー消費量をエコハウスの基準とするのは、世界的な標準となっています。

衝撃の宿泊体験

ここまでの説明で、エコハウスについてなんとなくのイメージはつかめたかもしれません。でも「外気温がマイナスのときも、室内はほぼ無暖房で20℃を保っていられる家がある」と聞き、実感を持って納得できる人がどれほどいるでしょうか。日本の既存の住宅と、世界レベルのエコハウスとでは性能に段違いの差があるので、ピンとこないと思います。私自身も、初めて聞いたときには想像もできませんでした。私の認識が劇的に変わったのは、エコハウスに宿泊体験したときです。

それ以前も、取材でエコハウスを訪れる機会はありましたが、1~2時間ほど滞在して話を聞く程度では、体感できることは限られます。かといって、「ここでお風呂に入ってもいいですか？」などとお願いするわけにもいきません。そこで、当時私が住んでいた東京の近くで宿泊体験ができる場所を探しました。見つかったのが、埼玉県川越市にあったエコハウスです。２０１６年2月にそのモデルハウスに宿泊したことが、やや大袈裟に言えば、運命の出会いとなりました。[*3]

そのモデルハウスは、一般的な戸建て住宅と同じサイズ（約30坪）でした。2階建てで、白壁の外観や四角い形も、一見するとどこにでもありそうな普通の住宅です。訪れた日は、2月にもかかわらず日中の気温が18℃まで上がり、住宅の性能を実感できないのではないかという心配もしていました。

驚いたのは中に入ってからです。まず、1階に常設の暖房器具がありませんでした。寒いときに使えるよう念のためオイルヒーターが用意されていたものの、多くの宿泊者は使っていないとのことでした。既存の日本の住宅ともっとも違ったのは、間取りです。既存の住宅では、できるだけ空間を仕切り、夏や冬は人がいる部屋だけを冷暖房します。しかしこの家の17・5畳のリビングダイニングには大きな吹き抜けがあり、2階とつながるなど、家全体の空気が循環しやすいようになっていました。そして各部屋のドアも、基本的にはいつも開けっぱなしです。それにより温度ムラが起きにくくなり、家のどこでもほぼ同じ温度を維持していました。

音の静かさにも驚きました。モデルハウスは片側4車線の交通量の多い国道沿いにあり、大型トラックなどが常に往来するため、外では騒音が気になります。しかしトリプルガラスの入った樹脂サッシの窓のおかげで、室内は立地を忘れるほど静かでした（写真1、2）。

もちろん、壁などにしっかり詰め込まれた断熱材の効果もあります。断熱材は床に105㎜（ビーズ法ポリスチレンフォーム特号）、外壁と内壁に合わせて185㎜（ロックウールと

写真1

モデルハウスの樹脂サッシを開ける筆者。ガラスは3枚入っている　©片岡和志

写真2

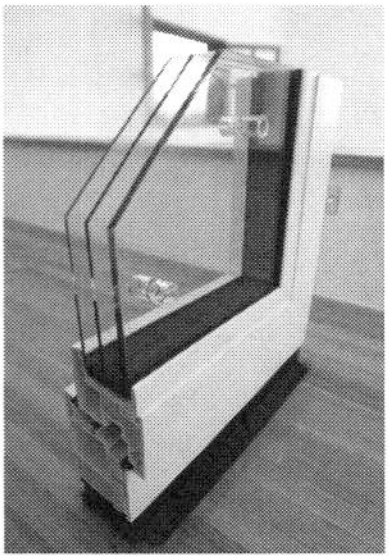

トリプルガラス窓の断面。サッシそのものも分厚くできている　©高橋真樹

セルロースファイバー）、天井に３００㎜（セルロースファイバー）が入っています。日本で一般的に使われているグラスウールという断熱材とは種類が違うので、単純に厚みで比較はできませんが、参考までに断熱等級４の住宅で使われる断熱材（高性能グラスウール）の厚みと比べてみます。国の基準では[*4]、床１０５㎜、壁85㎜、天井１５５㎜が目安となっています（６地域〈東京〉）。単純に厚みだけで比べても、壁と天井は倍くらい厚いことがわかります。床の厚みは同じですが、モデルハウスで使われている断熱材は、高性能グラスウールの約１・５倍の性能があるとされています。

無暖房でも足元20℃

一泊した感想は、「暖かい」というより、「寒くない」というものです。私が当時住んでいた木造アパートでは、冬の夜間は寝る直前までガスファンヒーターをつけ続け、それでも足元が寒いので、厚手の靴下を履き、その上から起毛のスリッパまで履いていました。ところがこの日は暖房をいっさい使わないのに、裸足で歩いても寒くありません。日中の気温が高かったという理由もありますが、日没後は外気温が7℃に下がっていました。それにもかかわらず、室内は昼間と変わらず20℃前後を保っていました。日中、太陽の日射熱を室内に取り入れ、その熱を逃さないことで、夜になっても暖かさを維持できていたのです。

さらに衝撃的だったのは、室温だけでなく、足元も20℃だったことです。一般的な住まいでは、寒い冬に暖房を20℃に設定しても、暖かい空気は上に上がり、天井の温度と床の温度にはムラができます。そのため頭のほうは暖まっても、足元は20℃より寒くなってしまいます。しかしこのモデルハウスでは、それがまったくありませんでした。暖房器具に頼らなくていい家は、他の部屋との温度差もなく、部屋間の移動もおっくうになりません。

風呂から出た後も、いつもなら体が冷えないよう、あわてて体を拭いて服を着るのですが、この家ではゆっくりと着替えることができました。これも人生で初めての経験です。

このような環境であれば、ヒートショックも起こらないでしょう。

「なるほど、こういうことか」。五感で体験して、それまで何度も話で聞いてきたことが、初めて腑《ふ》に落ちました。ほとんどの人は「家はだいたいこのようなもの」という固定観念を持っています。私もそうでしたが、この宿泊体験でそれまでの自分の「当たり前」がまったく覆されました。

日本一の猛暑vsエコハウス！

次は夏の暑さです。「高気密・高断熱の家は、冬は暖かいが夏は暑い」という話を聞いたことがありました。モデルハウスのある川越エリアの暑さは、日本で一番暑いとされる熊谷と同じくらいなので、確かめるにはうってつけです。

ちょうど、私が宿泊したモデルハウスを運営する工務店が、周辺エリアで別の住宅を建設中でした。壁や屋根などの構造ができ、窓や断熱材が入った状態です。内装はまだでしたが、夏に見学させてもらいました。その日は外気温が33℃、湿度75％の真夏日。歩くだけで汗が噴き出します。ところが、家に入ると別世界のように涼しいのです。きっとエアコンをガンガンに動かしているだろうと思いましたが、私が訪問したときエアコンは止まっていました。

少し前まで動かしていたというエアコンを見ると、工事用に設置した簡易型のエアコン（4畳用）1台のみ。それで2階建ての建物が、室温25℃、湿度60％を保っていました。一度到達するとその温度をしばらく保つので、エアコンはつけっぱなしではなく、室温が2～3℃上がるとつけ、下がるとまた消しているとのことです。工事中なので、取材時にも大工さんたちが出入りしています。工務店の社長は、構造さえできれば夏も冬も快適なので、大工さんからも仕事がしやすいと好評だと言います。この体験から、断熱と気密がしっかりしていれば、わずかなエネルギーでも住宅を涼しく保つことが可能なのだと実感できました。

しばらく後、冬に宿泊したモデルハウスで夏の宿泊体験もしました。冷房は2階にあるエアコン1台を弱く動かすだけで、やはり家中が25℃から26℃、湿度は60％程度を保ちました。当時の住まいである木造アパートでは、夜はエアコンを止めると寝苦しく、つけると寒いので安眠できない日が続いていました。しかしエコハウスでは、ぐっすりと眠ることができました。外気温が厳しい時期でも、温度、湿度が安定していると、これほど体が楽なのかと、改めて実感したのです。

エコハウスに住んでみた

私はちょうどその頃、住まいを探していました。宿泊体験により自分の中の「当たり前」が覆されたこともあり、住まいの断熱性能には注目するようになりました。しかし、フリーランスという収入が不安定な職業なので、自分がエコハウスに住むことなど現実的には考えられませんでした。ところが、例のモデルハウスの会社の社長から、「高橋さん、あのモデルハウスはどうですか？」と提案されたのです。中小の工務店では、3～4年ほど使ったモデルハウスを売却し、新しいモデルハウスを建てるのが一般的です。

そのときは驚きましたが、他の選択肢を検討する中で、自分にとっては良い巡り合わせではないかと思うようになりました。私には、賃貸よりも持ち家が良いというこだわりはありません。もしエコハウスの性能を持つ賃貸住宅に住めれば、それで十分です。しかし、この状況のままでは、自分が高齢になるまで日本に高性能な賃貸住宅は普及しません。それなら、エコハウスに住みながらその情報を発信することで、未来をそちらのほうに引き寄せて行けばいいのではないか、と考えるようになったのです。

何より、「エコハウスを取材したライター」はたくさんいますが、「取材したエコハウスに住んでいるライター」は自分だけです。「面白いかも！」という好奇心も手伝いました。健康や環境、ランニングコストに優れるという点も気に入りました。何より、住んでみて初めてわかることもあるはずです。そこで夫婦で相談して、思い切って住んでみることにしたのです。こうして、２０１７年の夏から、川越市の元モデルハウスでの夫婦２人暮らしがスタートしました。

６年住んで感じたこと

２０２３年の夏で、エコハウスに暮らし始めて丸６年が過ぎました。実際に住んでみて、短時間の滞在や、一泊するだけではわからない発見がたくさんありました。もっとも大きな変化は、冬の寒さ、夏の暑さや湿気によるストレスをほぼ受けなくなったことです。

私はとても寒がりで、以前住んでいた東京の木造アパートでは、冬に着替える際、ファンヒーターの吹き出し口の前から離れることができませんでした。しかし、現在の家に移ってからは、家のどこに移動しても20℃を切ることがほとんどなく、寒さがまったく気にならなくなりました。冬に使う暖房器具は、基本的には1階にあるエアコン1台のみ（住んでから設置）。2階は無暖房ですが、1階とほぼ同じ温度で過ごせます。また、就寝前に暖房を切っても、起床時に床が20℃以上を保っています。そのため、朝の外気温がマイナスの日でも、私のパートナーは暖房もつけずに裸足で過ごしています。

写真3

窓の外には室内から電動で操作できる外付けブラインドがある
©片岡和志

図10　外気温と室温の比較（1月）

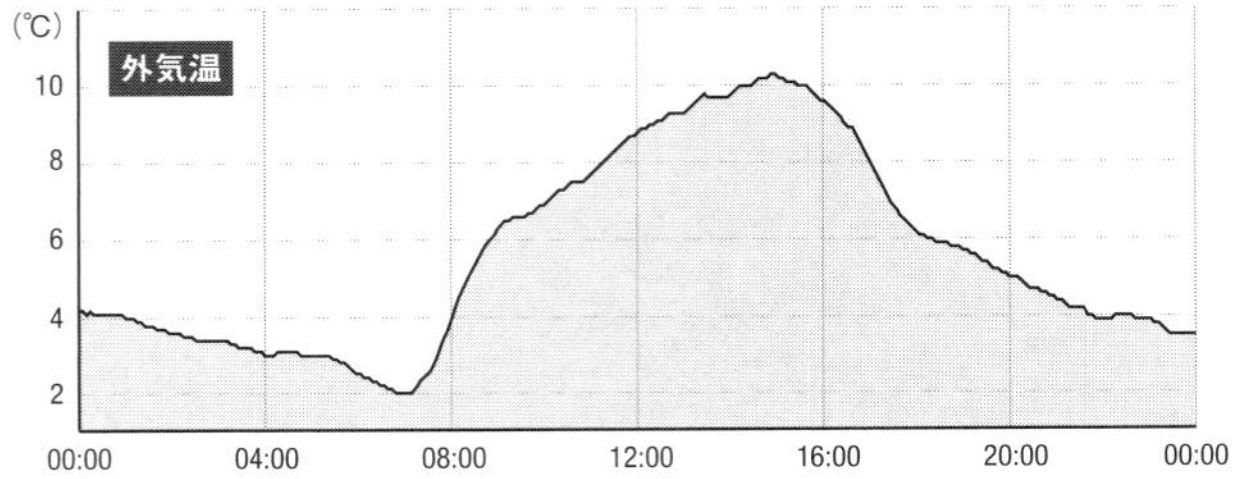

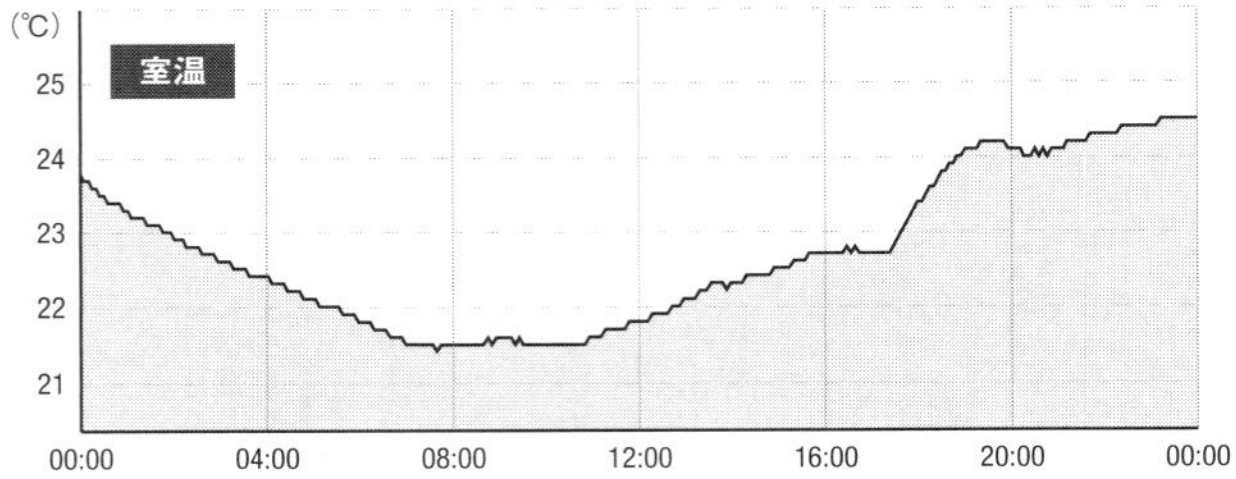

2023年1月4日の外気温と室温。外気温は2℃〜10.5℃まで変動。室温は21.5℃〜24.5℃の間で推移

夏はどうでしょうか。川越市は、すでに述べたように、全国でもっとも暑くなる場所のひとつです。最近は40℃に迫ることも珍しくありません。しかし、外付けブラインドなどで窓から入る直射日光を遮ってさえおけば、2階のエアコン1台だけで家全体が25〜26℃程度を保つため、寝苦しい夜とは無縁です（写真3）。外気温が40℃もあれば、一般的な住宅であればロフトは暑くてたまりません。しかし、ここでは1階と同じ温度を保っています。来訪した友人がロ

図11　外気温と室温の比較（8月）

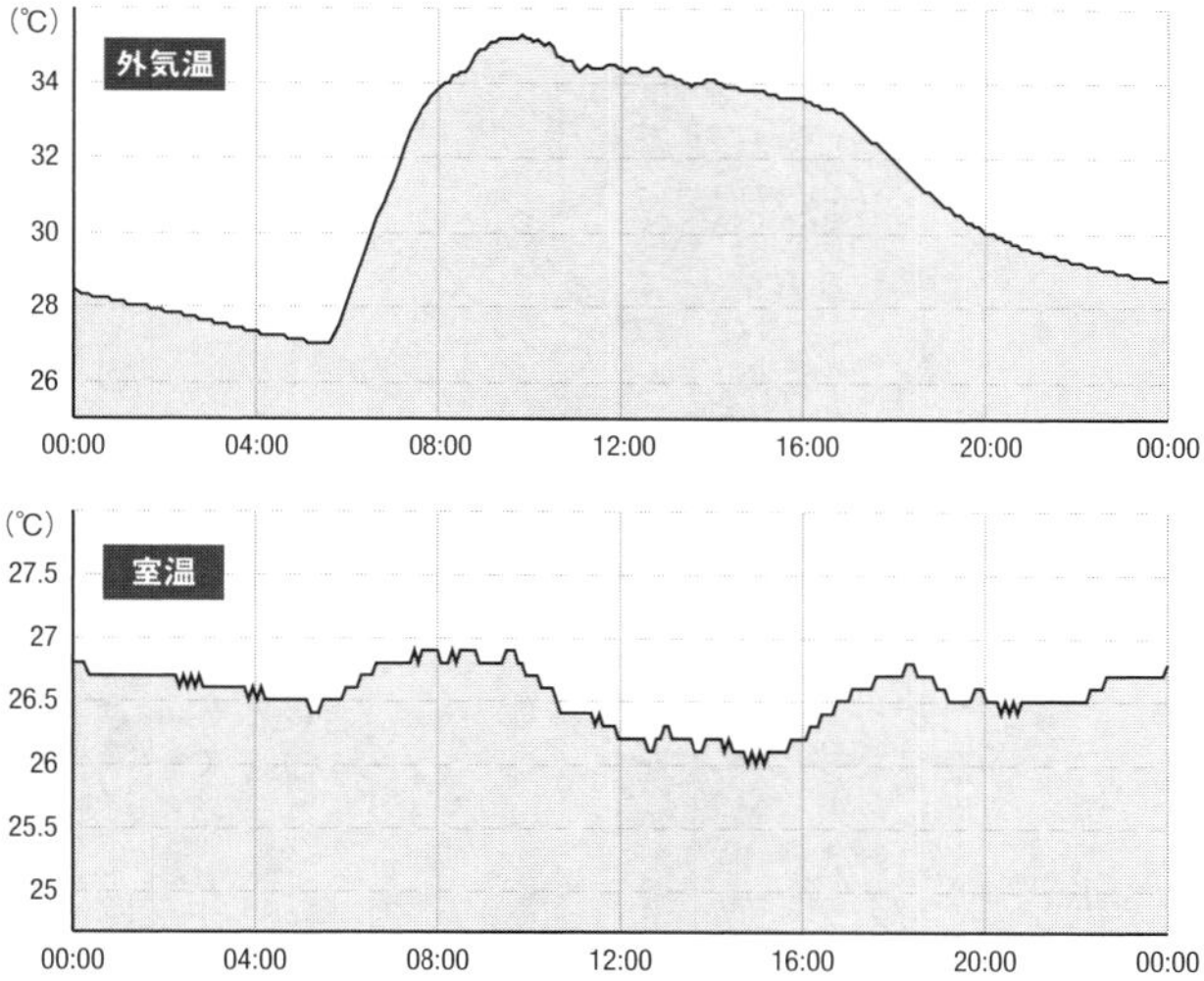

2023年8月25日の外気温と室温。外気温は27℃〜35.5℃まで変動。室温は26℃〜27℃の間で推移

フトに泊まることがありますが、皆さんよく眠れたと言ってくれます。

図10と図11は、23年のわが家の外気温（上）と室温（下）を記録したデータです。図10は真冬（1月）で、図11は真夏（8月）になります。縦軸の温度の幅が違うので少しわかりにくいのですが、よく見ると外気温は時間とともに大きく変動しているのに、室温は2℃から3℃程度しか変化していないことがわかります。温度計を置いている部屋だけでなく、家のど

の場所でもこのような状態になっています。

温度に比べ、湿度のコントロールは簡単ではありません。しかし、一般的な住宅に比べて外気の影響を受けにくいエコハウスでは、年間を通して40〜60%台の湿度を保っています。夏にジメジメすることも、冬に乾燥することもありません。また、料理や風呂など、室内から出る湿気に多少気をつけていれば、窓が結露することもありません。

アレルギー性鼻炎が軽減

健康面でも、エコハウスのメリットを実感しています。私は重度のアレルギー性鼻炎を持っていて、子どもの頃からティッシュが手放せませんでした。しかしこの家では、ティッシュの使用量が3分の1以下に減りました。パートナーも、花粉やハウスダストのアレルギーがあって薬を飲んでいましたが、エコハウスに引っ越してからは薬が必要なくなりました。

理由としては、家の気密性が高く、外から花粉や埃《ほこり》が入って来にくいことや、結露やカビが発生しないため、ダニやハウスダストの数が少ないことが影響していると考えています。実際、２０１９年に専門の研究者による住宅のダニの量を測る調査に参加した際も、一般の住宅に比べ極めて少ない数だと報告を受けました。高性能住宅に転居した人が、アレルギー症状などが改善したデータ（図５）を第1章で紹介しましたが、実際にその通りだと実感しています。

22年はじめからは子どものいる生活が始まり、エコハウスの恩恵をより感じるようになりました。トリプルガラスの窓や断熱材が厚いことにより防音性が高いことは述べましたが、子どもが大泣きしても近所迷惑になる心配をしなくて済みます。もっとも効果を感じているのが冬のお風呂です。脱衣所、浴室ともに20℃以上あるので、お風呂から出て、脱衣所であわてて服を着せなくても、風邪をひく心配がありません。そして、温湿度が安定しているので、夏のあせもや寝冷えの心配もありません。総合的に考えて、エコハウスは子育てや高齢者の介護にとても適した環境ではないかと感じています。

なぜエアコンは嫌われるのか？

次はエコハウスで気づいたエアコンのすごさについての話です。世の中の多くの人と同様、私もエアコンの風が大の苦手でした。冬は足元が暖まらず、空気が乾燥して、のどを痛めます。夏は過剰な冷房で体が冷えきり、体調を崩したことが何度もあります。ところが、エコハウスで暮らし始めてからは、エアコンに対する認識が劇的に変わりました。

断熱気密性能が高ければ、外気温の影響を受けず、抜けて行くエネルギーの量も少なくて済みます。そのため、冬は1階、夏は2階にある10畳用のエアコン1台をつけて、サーキュレーターで空気を循環させれば、家全体が適温を維持できます（写真4）。特に夏の間はつけっぱなしにしていますが、一定の温度を維持するだけなので、エアコンの出力はついているかどうかわからないくらい弱いものです。1か月エアコンをつけっぱなしでも、家で使うすべての電気代が4000円台前半で済んでいました。2021年以降は値上がりと家族が増えたためもう少し上がりましたが、それでも5000円未満です。[*5]

建物の断熱気密性能が悪いと、こうはいきません。冬は暖気が上にのぼり、足元から冷気が引き込まれて、温度ムラで不快になります。また、夏は外から絶えず熱気や湿気が入り続けるので、エアコンを強くかけないと涼しくなりません。それでも、全体が同じ温度にはなりません。冷風の吹出口付近は直風で寒く、エアコンから遠い場所は暑いという温度ムラがひどくなります。家の隙間から冷気が抜けて行くので、光熱費も高くなります。そのためエアコンが嫌われてきたのですが、嫌われる理由はエアコンにではなく、住宅にあったのです。

エアコンはエネルギーを浪費するイメージがあるのですが、実際はヒートポンプという技術を使って効率的に熱交換を行っています。これは、空気中の熱をポンプのように汲《く》み上げ、必要な場所に移動させる優れた省エネ技術です。冷暖房において、これよりもエネルギー効率に優れた技術を、人類は開発できていません。

エアコンには、通年エネルギー消費効率（APF）という表示があります。これは、1のエネルギーを何倍にできるかという性能を表したものです。この数値が大きいほどエネルギー効

写真4

わが家のリビングと、冬用のエアコン。エアコンの上には吹き抜けも

©水本俊也

率が優れていることを示し、機種によっては6や7程度のものもあります。一方で、電気ヒーターやコタツ、ホットカーペットなど、単に電気を熱に換えて暖める機器では、1のエネルギーは1にしかなりません。

さらに言えば、日本企業のエアコンの性能は、世界トップレベルです。これまで断熱性能が低い住宅を、エアコンの性能だけで補おうとしてきたために、レベルが上がってきたという面があります。しかし、いくら性能の良い設備を入れても、建物自体が穴だらけであるために、十分な性能が発揮されず、効果は限定的になってしまっています。

気になる光熱費は?

わが家の光熱費を紹介します。2021年以降、電気料金とガス料金の変動の幅が大きく、比較しにくいため、ここでは比較的安定していた20年の光熱費を取り上げます。わが家では電気とガスを併用しています。冷暖房はエアコンのみを使用しているので、夏や冬など気候の厳しい時期には電気代がやや上がります。また、冬場は給湯のためのガス代も増えます。そのあたりは一般の家庭と同じです。具体的な月々の金額としては、おおまかに言って以下のようになります。

①過ごしやすい季節：電気代約3500円＋ガス代約2500円＝約6000円
②真夏：電気代4000円＋ガス代約2500円＝約6500円
③真冬：電気代7500円＋ガス代4200円＝約1万1700円

月平均では、電気代が5062円（179kWh）＋ガス代が3140円（13・5㎥）＝8202円になります。なお、わが家の屋根には出力5kWの太陽光発電パネルが設置してあります。昼間の電気代は太陽光発電の自家消費分でまかなっていると考えられるので、もし太陽光発電がなければ、この電気代に30％程度が上乗せされることになります。月にすれば1500円ほどになりますが、それを支払ったとしても平均的な電気代よりは安くなります。

一般家庭との比較ではどうでしょうか。当時は夫婦2人暮らしでした。総務省家計調査（20年）によると、2人世帯の電気代の月平均は9515円、ガス代の月平均は4354

円となり、合計では1万3869円です。月平均で言えばわが家のほうが5667円安く、年間では6万8004円の差額となります。月平均5000円くらいの差と言われると、大したことがないかのように思うかもしれません。しかし、光熱費は単に金額だけでは比較できません。どれくらい在宅しているか、お風呂に毎日入るか、料理を頻繁にするか、全館冷暖房か空調をがまんしているかといった要素で大きく変わるからです。

わが家は2人ともフリーランスで、主に自宅をオフィスにして働いています。そのため、一般的な会社員の家庭よりも在宅時間はずっと長くなります。またここまで紹介してきたように、冷暖房はまったくがまんしていません。年間通して全館冷暖房で、1年を通してほとんど同じ温湿度を保っています。それでいて平均の光熱費より安いのです。光熱費についての断熱の効果を、イメージしてもらえるのではないでしょうか。なお、すでにお伝えしたように私は極度な寒がりなのである程度の暖房は使います。でもこの家は床の表面温度が20℃を下回ることがほとんどありません。寒がりではない人であれば、昼の日射取得さえきちんとしていれば、年間の光熱費に直結する冬の暖房の使用をかなり減らすことができます。

次に、それ以前に私たちが住んでいた木造賃貸アパートとも比較してみました。広さは3分の1程度、空間としては4分の1以下のサイズでした。また、当時はパートナーが会社勤めで海外出張も多かったため、家にいる時間は現在の半分以下です。それにもかかわらず、年間を通した光熱費は、現在のほうが2万7450円ほど安くなりました。[*6] 消費量別で見ると、新居では冷暖房をすべてエアコンでまかなっているため、電力消費量は新居のほうがやや上回りましたが、ガスは以前のアパートの半分以下しか消費していませんでした。

ご存じのように、現在は電気代やガス代が急激に値上がりしています。もちろんわが家でも上がっていますが、使用量が少ないので上がり幅はそれほど大きくありません。

参考までに、電気代やガス代上昇後の23年2月分も比較してみました。子どもが増えて3人世帯となったわが家では1万4618円（電気代1万128円、ガス代4490円）になりました。そして、わが家と同じ3人世帯の光熱費の合計は、2万7650円（電気代1万8845円、ガス代8805円）なので、わが家のほうが1万3032円も安くなっています。[*7] 今後予想される光熱費の上昇分を加味すれば、年間を通した光熱費の差はさらに広がるはずです。断熱をきちんと行い、太陽光発電を併用すれば、光熱費の値上がりはそれほど怖くはありません。

エコハウスは「魔法の家」ではない

一般的に、住宅の「不満」として上位に挙がる要素は、暑さや寒さ（断熱性能）、湿気やカビ、騒音などです。しかし、ここまで紹介したように、高性能な住宅では、そのほとんどが大きく改善されることがわかります。家を選ぶときは、どうしても内装や住宅設備、デザイン性など「目に見える要素」だけで決めてしまいがちですが、現在の家に暮らして感じるのは、断熱気密性能や遮音性能、換気や湿気、健康といった、「目には見えない要素」がいかに大切かということでした。

そしてエコハウスに住んで初めて、これまで住まいの性能が低かったことによって、暑さや寒さ以外にも、さまざまなストレスを受けていたことに気づくようになりました。エコハウスに暮らすことは、生活や人生そのものの質の向上にもつながると実感しています。

ただしエコハウスは、それまでと同じような暮らし方をして、放っておいてもすべてうまくいく「魔法の家」ではありません。例えば、夏に直射日光を住宅の中に入れてしまうと、従来の住宅以上に熱がこもって暑くなります。また、換気装置を止めてしまったり、換気の出入り口をふさいでしまったりすると、効率的な換気ができなくなります。「エコハウスなのに浴室にカビが生えた」というクレームを聞いたこともありますが、その家庭ではお風呂から出た後、換気をせずドアを閉めたままにしていました。一般的な住宅であれば、それでも隙間から湿気が抜けていきますが、隙間の少ない高気密住宅では、閉め切ると湿気がこもってしまいます。わが家では、お風呂から出たら10〜20分ほどは浴室換気扇をつけています。その後、浴室のドアを全開にして湿気を家の中に分散させれば、換気扇を止めても基本的にカビが生えることはありません。

ちょっとしたことですが、エコハウスの特徴を理解して、暮らし方を少し変えることで、快適に暮らすことができるようになります。私たち夫婦は、「高橋さんちのKOEDO低燃費生活」というブログで、暮らしの様子やエコハウスでの暮らし方のコツを発信しているので、目を通してもらえれば幸いです。

断熱大国ドイツを訪問

エコハウスに住み始めて1年が経《た》った2018年に、断熱先進国のドイツで取材をしました。勉強しただけならともかく、実際にドイツ並みのエコハウスに住んでいるのだから、それほどの驚きはないかもしれないと考えていたのですが、とんでもありませんでした。

わが家で使われているトリプルガラスの樹脂サッシ。日本では、当時はもちろん現在でも普及していませんが、ドイツでは至る所で目にするごくありふれたものでした。宿泊したホテルや新築の賃貸アパートはもちろん、市役所や学校などの公共施設、そして観光地で荷物検査をする仮設小屋に至るまで、当たり前のものとして使われていました。

日本ではいまだに「トリプルガラスの窓なんてやりすぎ」と言う設計者や工務店がいます。しかしドイツでは、国レベルで積極的に省エネ建築に力を入れているため、トリプルガラスの窓が大量生産され値段も下がっています。そんな中で、ペアガラスという性能の劣る窓をあえて使う建設会社や工務店はいなくなっているのです。

新築は言うまでもなく、既存の建物の断熱改修も熱心に行われています。戸建てはもちろん、集合住宅や商業ビルでも、窓の交換や外壁に断熱材を貼り付ける工事が、至る所で行われていました。断熱改修は国から多額の補助金が出るため、建物の持ち主は割安で断熱することができます。また、工事を請け負う建設会社や地域の工務店は、付加価値の高い仕事が増えます。そして、国レベルで省エネが進むことで、国外から輸入している化石燃料に支払う費用を減らせるため、最終的には国にとっての利益につながります。そうしたビジョンのもと、世界トップレベルの省エネ建材を開発することが産業振興になり、それらの輸出で稼げるようになっていました。

ドイツで聞いてみたかったことのひとつは、「断熱改修によってどれくらい暖かくなったか」という生活者の実感でした。私自身は、無断熱に近いアパートからエコハウスに引っ越したことで、その差はてきめんにわかりました。国家レベルで断熱改修が進んでいるドイツでは、どのような反応なのか気になっていたのです。

そして、断熱改修プロジェクトを進めるキーパーソンや住民の方に、「改修後は暖かくなりましたか?」という質問をしました。ところが、彼らから返ってくるのは、私からするとまるで要領を得ない返事ばかり。みんな「使うエネルギーが以前の半分くらいになりました」と省エネのことは答えてくれますが、暖かさについてのコメントはありませんでした。そして、そのやりとりを何度か繰り返していく中で、気づいたのです。「そうか！ドイツでは真冬でも家が寒くないのは、改修前から当たり前なんだ！」ということに。

ドイツでは以前から、全館暖房が当たり前です。改修前でも、日本の家に比べれば断熱性能は悪くありません。それに加えて、「家の中が寒いのにがまんする」というコンセプトがないのです。光熱費がかかって厳しくても、寒くてたまらない生活をがまんして続ける人はほとんどいません。だから実感として「暖かくなって良かった」というコメントが聞けないのは当たり前だったのです。「断熱して暖かくなりましたか？」などという質問は、ドイツに暮らす人たちにとって、ナンセンスな質問だと気づきました。欧州では、極端な寒さや暑さにさらされることは人権問題だと捉えられています。それくらい、温度に関する感覚や常識が日本とは違うということに改めて気づかされました。

「人権」という概念からは少しはみ出ますが、実は欧州ではペットの扱いに関しても、温度が重視されています。ドイツの犬の飼い主を対象とした法律には、「外気温が21℃を超える場合は、車内に犬を置き去りにしてはいけない」「犬小屋に暖房を付ける、あるいは小屋の内部が暖かく保てるようにしなければならない」といった規定もあります。そして外で犬を飼う場合、犬小屋に断熱材を入れるのは当たり前です。こうした規定は欧州各国にありますが、適切な温熱環境は、動物にとっても大切なものだという共通認識があるのです。ひるがえって日本では、いまも子どもたちが35℃を超えるような教室で勉強させられています（第4章で詳述）。日本でも「暑さ寒さは人権問題」という考えを、社会に定着させることが大切です。

誤解その① 「夏は暑い」

ここからは、高気密・高断熱のエコハウスについて、よくある疑問や誤解について解説します。日本でなじみが薄かったエコハウスについては、いまも事実にもとづかない誤解や批判が飛び交っています。ここでは、私が実際に受けた質問を中心に、3点ほど解説します。

まず「夏は暑いのでは？」という疑問です。先に述べたように、エコハウスは夏も涼しく過ごせます。それでも、「断熱材モコモコのエコハウスが、冬に暖かいのはわかるけれど、なぜ夏に涼しいの？」と不思議に感じる人もいるはずです。

「断熱」とは「熱を断つ」と書きます。その言葉通り、外気の影響を受けにくくするのが断熱の本質です。イメージとしては、魔法瓶のような構造を思い浮かべてください。魔法瓶は、中に暖かいものを入れれば暖かく保ち、冷たいものを入れれば冷たく保ちます。エコハウスは外気の影響を受けにくい構造なので、冬も夏もわずかなエネルギーで室温を保つことができるのです。ただし、住宅には魔法瓶と違う性質が主に3つあります。設計者や居住者はその違いを認識し、適切に対応する必要があります。

1点目は、窓があること。窓から直射日光が入り続ければ、室温は上がります。夏に掃き出し窓1つから日射が入るだけで、およそコタツ1個分の熱量（約600W）になります。夏にコタツなんて、想像したくもありません。熱を防ぐには、ひさしやすだれ、シェードなど、窓の外側で日射を遮ることが効果的です。

2点目は、中に人がいること。人はそれ自身が、1人あたりおよそ100Wの熱を発しています。人数が増えれば、それなりの熱量になります。内部から温度が上がるので、空調が欠かせません。ただ、人の熱は日射ほど強烈ではないので、エアコンの出力はわずかでも涼しく保つことが可能です。逆に冬は人の熱で暖まるので、大勢が集まれば暖房は不要になります。

3点目は、換気が必要であること。空気を遮断された魔法瓶の中では、人は生きられません。健康維持のためには、新鮮な空気を常に循環させる必要があります。一方で、外の空気をたくさん入れるほど、外気温や湿度の影響を受けやすくなります。「少ないエネルギーで適温を保つこと」と「常に新鮮な空気を循環させること」は矛盾した関係にあるのです。そのバランスを、うまく両立させているのが、完成度の高いエコハウスです。換気についての考え方や仕組みは、「誤解その③」で解説します。

気候変動の影響もあり、世界全体の平均気温がすさまじい勢いで上昇しています。日本でも、夏は災害級の猛暑が続くようになりました。高気密・高断熱の家というと、これまでは冬に寒い地域を中心に建てられてきましたが、今後は暑さから健康や家財を守るためにも不可欠な存在になってきます。

なお、日本に高気密・高断熱の住宅が建ち始めた頃は、日射しを防ぐ「日射遮蔽」がきちんと考慮されていない住宅もありました。そのため、初期段階では「夏は暑くてたまらない」「高温多湿な日本には合わない」といった声があったのも事実です。しかし、そうした住宅は、本当の意味でのエコハウスとは言えません。

誤解その②「気密性が高いと息が詰まる」

「高気密」と聞くと、「ビニールに包まれているみたいで、息が詰まりそう」という印象を受ける人がいます。建築家の中にも、「高気密は良くないので中気密くらいでいい」と公言する人もいます。しかしこれも、イメージから起きる誤解です。断熱だけしても、気密ができていないとエコハウスとは言えません。高断熱と高気密は常にセットで機能します。

気密とは、家の隙間をなくすことです。既存の日本の住宅は隙間だらけです。一見すると隙間がないように見えても、空気はわずかな隙間から出入りしています。また、外気とともに湿気や埃、花粉、虫などが入り、不快な環境がつくられやすくなります。そして、冷暖房をしても冷気や暖気が抜けてしまい、省エネにも快適にもなりません。冬に暖房をしても、足元がスースーして寒くなることがあります。これは、暖かい空気が部屋の上の方から抜けていき、外の冷たい空気が家の隙間から引き込まれるために起こります。気密性が低い家では、暖房を強くかければかけるほど足元が寒くなるのです。

隙間の大きさを表す数値をC値（相当隙間面積）と呼びます。これは、床面積あたりの家の隙間のサイズを示すもので、値が小さいほど高気密の家になります。例えば、気密性能に配慮されていない一般的な既存住宅の場合、C値は5から10（㎠／㎡）程度とされています。延べ床面積が１００㎡の家でC値が10であれば、家の隙間の合計は１０００㎠になります。これは、家全体でだいたいB４用紙１枚分の穴が空いていることになります。

エコハウスでは、その10分の１であるおおよそC値１・０以下が望ましいとされています。家全体でハガキ３分の２のサイズの隙間です。さらに、可能であればC値０・５以下になると、より高い性能が発揮されます。ハガキの３分の１のサイズです。

なぜ気密が大事かといえば、外気が入って来ないことに加え、効率的な換気ができるからです。２００３年以降の新築住宅では、24時間換気が義務づけられました。その理由は、室内の有害な空気を外に出し、シックハウス症候群を予防するためです。

ところが気密性の低い住宅では、換気扇を動かしても、あちこちに隙間が空いているため、計画通りに空気が流れません。あちこちから空気が漏れ出ている状態を「漏気《ろうき》」と呼びますが、それによって、換気のムラが起きてしまいます。一方、気密性が高い住宅で換気をすれば、どの部屋にも新鮮な空気を循環させることができます。

例えばストローでドリンクを飲むときに、ストローの管の途中に穴がたくさん空いていたら、空気が入ってしまい、うまく飲むことができません。穴がないからこそ、効率的にドリンクを飲むことができます。気密の仕組みはそれに似ています。

高気密のほうが効率的に新鮮な空気を取り込めるという事実は、「息苦しい」というイメージとはまるで異なります。エコハウスに欠かせない要素に、断熱と気密、そして計画的な換気があります。気密の大切さを誤解している人は、換気のことを外して考えているのではないでしょうか。

誤解その③「〝窓を開けて通風〟が日本の伝統」

その換気についても、よく誤解されます。エコハウスは、既存の日本の住宅と住まい方の常識が違います。もっとも大きな違いは、窓開け換気に頼らないことです。換気装置によって適切な換気がムラなく行われていれば、むしろ窓を開けないほうが、効率的に空気が入れ替わります。換気量は、1時間で家の中の空気の半分が入れ替わるよう計算されています。そう言われても「窓を開けない暮らしなんて不自然だし、機械に頼るなんて気持ち悪い」と思うかもしれません。実は私自身も、エコハウスに住む前まではそう考えていました。

ところが、住んでからは窓を開けることはなくなりました。わが家の立地は、交通量の多い国道沿いですが、換気装置には汚染物質を取り除くフィルターがあり、新鮮な空気を取り込めています。この家ほど立地が悪くなくとも、花粉や砂埃、PM2・5といった汚染物質は1年を通じて飛び交っています。窓を開ければどうしてもそれらを取り込んでしまいます。

外が快適な温湿度であれば、窓を開けても構いません。でも、実際に窓を開けて心地良く感じる日数は、年間でも1割程度しかないとされています。また、1日のうちにも温湿度は時間とともに大きく変化するため、心地良さが続くわけではありません。

さらに、窓開け換気は換気ムラを起こします。窓を一部だけ開けても、部屋全体の空気が換気されず、空気の澱《よど》む場所ができてしまいます。空気が循環しなければ、家具などから出るホルムアルデヒドや、カビやダニなどが増え、シックハウス症候群の発症につながる場合もあります。また、住まい手は絶えず酸素を吸い、二酸化炭素（CO_2）を放出しています。換気の目安としては、室内のCO_2濃度を1000ppm以下に保つことが推奨されています。機械換気によって、それを無理なく達成することができます。適切な温湿度や空気を維持するためには、窓を閉めて換気をしたほうが、室内環境は良くなるのです。

なお、エコハウスの換気に使われる一般的な換気扇の消費電力は1台につき5W程度[*8]で、1か月動かし続けても100円もかかりません。また換気設備の種類についても、エネルギー効率の良いものが選ばれるケースが多くなっています。

夏は窓を開けて通風したいという人の気持ちもわかります。でも、いまは夏に気温35℃を超える猛暑日も増えています。たとえ良い風が吹いていたとしても、熱風を部屋に入れるだけで、涼しくはなりません。暑い夏は、日射をカットしつつエアコンで空調するのがもっとも効率的になります。エアコン冷房には、「電気代がかかる」というイメージがあるのですが、家庭のエネルギー消費の中で、冷房にかかる割合は3・2％です（2018年度。資源エネルギー庁「エネルギー白書2020」）。たった3％のエネルギー消費を惜しんで、倒れてしまっては元も子もありません。

「夏に窓を開けて通風することは大事」だと信じる人は、プロの設計者にも多くいます。しかし、エコハウスづくりの専門家である松尾和也さん（松尾設計室）によると、太陽エネルギーと違って、風の向きや強さは精度の高いコンピューターシミュレーションでも正確に予測することができないそうです。予測がつかない風は生かしようがありません。松尾さんはまた、夏に通風をしない別の理由として、「大量の水蒸気（湿気）を室内に引き込んでしまうのを避けるため」とも言います。

「夏は通風」という話は、エアコンも気密性もなく、家のすべての窓を開け放ち涼を取っていた時代の習慣です。現在は気候も変わり、住宅事情やセキュリティの常識も変わりました。「通風信仰」は卒業したほうが、健康にもエネルギー面でも良い影響があるはずです。

なお、換気設備の種類についても少し触れておきたいと思います。一般的な住宅では、主に給気口は穴が空いているだけで、排気のみファンを使う「第三種換気」と呼ばれるものが多く使われています。第三種換気はエコハウスでも使われる場合もありますが、わが家も含めて多くのエコハウスでは、給気も排気もどちらもファンを使う「第一種換気」が使われることが増えてきています。第一種換気は、室内で冷暖房された空気をそのまま外に捨てるのではなく、熱交換することで室温の維持を効率的に行っています。それにより新鮮な空気を維持することと、空調にかかるエネルギー消費を減らすことを両立しているのです。第一種換気には、配管をめぐらせるダクト式と、シンプルなスタイルのダクトレス式の2種類があり、わが家ではダクトレス式が採用されています。第三種換気に比べて初期費用は高くなりますが、室温を維持しやすいので、空調のランニングコストは下がります。

エコハウス体験ができるカフェ

日本でエコハウスについての誤解が広まる最大の原因は、体感した人が圧倒的に少ないことです。そこで私は、この家に住んでから積極的に知人や友人を招いてきました。宿泊体験をした人も少なくありません。訪れた人たちは、エコハウスの性能を体感してそれまでの常識を一新しています。またわが家に来たことがきっかけとなり、新居をエコハウスで建てたり、さまざまなレベルで断熱改修をしたりした人がたくさんいます。とはいえ、私が個人でできることは限られています。そんなときに、「ここに行ってみたら?」と気軽にお勧めできるカフェができました。

川越市のわが家の近くに、1階がカフェで2階が住居のおしゃれなカフェ(CAFE & SPACE NANAWATA)ができました(写真5)。白い漆喰《しっくい》の壁にはアート作品が並び、プロの演奏家によるクラシックコンサートも開催されています。

ここを建てる前、オーナーご夫妻は頭を悩ませていました。当時相談していた建築士からは、お店のスペースが広く大型のエアコンが必要になることや、お菓子を焼くオーブンを2台使うことなどから、「エアコン室外機が10台分くらい必要」と言われていました。そんなにエネルギーは使いたくないけれど、エネルギーを減らすとつくれるメニューが限られてしまいます。模索していたときに、もともと知り合いだった私たちが、ちょうど川越に引っ越してきたことを知りました。しかもエコハウスだと聞き、おふたりはすぐにわ

写真5

CAFE & SPACE NANAWATAの店内　©野田雅也

が家を見学に来られました。

　エコハウスであれば、冷暖房などのエネルギーを大幅に抑え、屋根の太陽光発電の電気だけでも、調理に使うエネルギーの大部分をまかなうことが可能になります。室温が一定なので、お菓子のショーケースの温度管理も省エネになります。温湿度が一定の建物は、アート作品の展示や保存にも最適です。そして壁や窓が厚いため、演奏会を行っても近所迷惑になりません。ご夫婦のやりたいことが、エコハウスならすべて実現できることがわかりました。

　お店のオープンは２０１９年10月。初めて迎えた冬はほとんど暖房を使わず、電気料金は驚くほど安く抑えられました。翌年春には新型コロナウイルスの感染が拡大し、営業を続けるか岐路に立たされましたが、ここでもエコハウスのメリットが活かされます。ランニングコストがほとんどかからないため、店を開けることがデメリットにならなかったのです。

また、一般的な飲食店ではコロナ対策のため、夏や冬でも窓を開け放ったり、換気扇を後付けしたりするなど対応に追われました。しかし、それではエアコンでつくり出したエネルギーを捨ててしまいます。このカフェは、もともと熱交換式の換気装置が付いていたので、ドアや窓を開けず、かつ温度変化を最小限にしながら、適切な換気ができました。お客さんが多いときにCO_2濃度を計測しても、目安とされる1000ppmを超えることはありませんでした。

毎月の光熱費も抑えられています。引っ越し前に住んでいた2階建ての木造賃貸住宅は、坪数で言えば現在の家の半分ほどでしたが、年間の光熱費はそのときのほうが断然多く払っていたとのことです。

お店を訪れるお客さんは、そうした仕組みを知っているわけではありません。しかし「なぜか居心地がいい」「長くいてもリラックスできる」という感想を、多くの人が口にします。特に冬は暖房をほとんど使わないこともあり、湿度が保たれて乾燥しません。高気密・高断熱の効果を多くの人が気軽に体感できる、このような場所が増えていくことはとても大切なことだと思います。

エコハウスと普通の家では結局、何が違うのか?

この章の最後に、エコハウスとはどのような家かというおさらいをします。エコハウスと普通の家では、結局何が違うのでしょうか。もちろん、ここまで述べてきたように断熱気密性能が大事であることは言うまでもありません。断熱性能は等級6以上(東京などの地域ではUA値0・46以下)、気密性能はC値1・0以下(できれば0・5以下)というのがもっともわかりやすい指標です。さらに、換気についてもきちんと計算されている必要があります。なお、なぜ断熱等級は6以上が必要かという理由や断熱等級の違いについては、第3章で解説します。

そして、単にUA値やC値が低ければ良いエコハウスというわけでもありません。極端なケースでは、窓がまったくない建物なら計算上のUA値は低くなります。しかし、窓のない家に住みたい人はいないでしょう。エコハウスと呼ぶためには、もうひとつ重要なポイントがあります。それが、太陽との向き合い方です。エコハウスでは、夏は太陽熱を窓から室内に入れない工夫を、冬は逆に太陽熱をできるだけ取り込む工夫をすることで、冷暖房に使うエネルギーが少なくても、快適な温度を維持できます。UA値だけが高性能でも、冬に太陽熱を取り込めない住宅であれば、暖房に頼る割合が多くなり、エネルギー消費が増えてしまいます。

風は予測できないとお伝えしましたが、太陽は逆に、日照時間や角度などはほぼ予測可能です。自然を活かすこうした考え方による家づくりを、「パッシブデザイン」と言います。松尾和也さんは、これを「太陽に素直な設計」というわかりやすい表現をしています。それを受けて改めてエコハウスの条件をまとめるとすれば、「断熱気密性能（&換気）」と、「太陽に素直な設計」という2点で優れており、「エネルギー消費が少なくても快適に過ごせる住宅」となります。

LCCMと太陽光発電

ここからは素材や設備についての補足になります。可能であれば、自然素材やリサイクルしやすい素材で家を建てることは重要です。長く暮らす住宅の室内環境はできるだけ化学物質が少ないほうが、健康的に過ごせます。また、いくら耐久性があってもいずれは住宅は廃棄されます。そのときにリサイクルしやすい素材でできていることは、サステナブルな社会をつくる上で重要なポイントになります。

なお、住宅のCO_2排出量に着目した「LCCM住宅」という言葉もあります。LCCMとは、「ライフ・サイクル・カーボン・マイナス」のことで、排出されるCO_2を家で生活するときに排出されるものだけではなく、建設時やメンテナンス、解体時を含めたライフサイクル全体でマイナスにしていく住宅のことです。現在は国土交通省、経済産業省、環境省の3省が合同で推奨していて、その実現のためには、高断熱と太陽光発電が必須になります。今後の社会と環境のことを考えても、住宅のライフサイクル全体でのエネルギー消費量について配慮することは、とても重要になると考えられています。

太陽光発電についてはどうでしょうか。まず、初期費用がギリギリだという場合、断熱と太陽光発電のどちらを優先するかという話であれば、迷わず断熱を優先してください。エコハウスとしての基本的な構造（断熱気密性能）は、設計段階から計画しないとうまくいきません。太陽光発電などの設備は後からでも付けることは可能です。

その上で、できる限り太陽光発電も付ける努力をすることをお勧めしたいと思います。気になるのは設置コストです。太陽光発電の売電価格が下がっているので、設置しても採算が合わないのではないか、という質問をされることがあります。しかし、固定価格買取制度（ＦＩＴ）により、ほとんどの場合はおよそ10年前後で元が取れる仕組みになっています。確かに電力の買取価格は年々下がってきましたが、それは、設備の設置費用が下がっていることを受けて調整されてきた価格だからです。そのため、元が取れないことはほぼありません。売電収入だけでなく、昼間の自家消費分も考えると、長期的には収支はプラスになります。

しかし、これから太陽光発電を設置する主な目的は、売電ではありません。自家消費率を高めることで、高騰する光熱費を減らすことが大切になります。例えば、最近販売され始めた「おひさまエコキュート」というタイプの給湯器は、昼間の電気で給湯を行うため、太陽光発電の自家消費を最大限活用することができます。そうした工夫を重ねることで、電力会社などから購入するエネルギーをできるだけ減らし、家庭のエネルギー自給率を高めることができます。太陽光発電は「付けられたら付ける」という時代から、「可能な限り付けるべき」時代になったと言っていいでしょう。

第3章　エコハウスの選び方と断熱リノベーション

これからの住宅は「断熱等級6」以上

この章では、エコハウスを建てる際の具体的なポイントと、既存住宅の断熱リノベーション（リノベ）の方法について説明します。この本を読んでいる多くの方は、新しく家を建てたり買ったりするわけではないかもしれません。しかしここで紹介するポイントは、既存住宅の性能向上を考える上でも、役に立ちます。

これまでの章では、断熱によって生活のあり方が大きく変わることをお伝えしました。では具体的にどのレベルまで断熱するべきなのでしょうか。参考になるのは、2022年に見直され、新設された断熱性能等級（以下、断熱等級）です。それまで、国の定めたレベルの最高等級は4でしたが、その上に等級5～7が新設されました。そう言われてもピンとこないと思いますが、これはすべての人の今後に関わる重要な変化です。

つい最近まで、断熱等級4の住宅を「国の最高等級の性能です」と営業してきた会社もありますが、第1章で説明した通り、国際的には性能が高いとは言えません。「HEAT20」という民間団体がつくった基準[*1]では、国の基準である等級4の室温基準として、全国

8つの気候区分のうち東京などの「6地域」では、「冬の最低室温がおおむね8℃を下回らない」としています。夜間に暖房を止めて、トイレや脱衣所など、家の一番寒い場所が8℃くらいになるという意味です。このレベルの住宅が「最高等級」のままではいけないという専門家や実務者の声を受けて、最終的に国が動いて実現したのが、等級4を超える断熱基準の新設でした。

では、新設された等級5から7までの間で、これから家を建てたり購入したりする場合、どの等級をめざすべきでしょうか。エコハウスの専門家の見解では、断熱等級6以上が適切とされています。そのレベル感は、断熱の取材を重ね、実際にエコハウスに暮らしてきた私の体感とも合致しています。

理由は、健康を守りつつ光熱費が上がらないという最低限のラインが、断熱等級6だからです。寒さから健康を守るためには、一部屋だけ暖める間欠暖房ではなく、家全体を暖める全館暖房が必要です。そして全館暖房をしても、消費エネルギー（および光熱費）が増大しないレベルが、断熱等級6になります。なお、これは等級6がベストという意味ではありません。等級6は最低限で、予算が許す範囲で、さらに断熱の強化をめざすのが良いとされています。東京大学の前真之《まえまさゆき》准教授（工学部建築学科）も、「断熱等級6プラスアルファ」を推奨しています。

参考までに、HEAT20の最低室温の基準値は、等級4では「おおむね8℃を下回らない」でしたが、等級6レベルの住宅（HEAT20グレード2）では「おおむね13℃を下回らない」と、5℃アップします。このレベルだと、適切に暖房を使用すれば、室温が15℃を下回る確率は10％程度となり、基本的に家のどこに行っても室温が安定するようになります。なお、これが等級7レベル（HEAT20グレード3）になると、「おおむね15℃を下回らない」となり、暖房を使用すれば15℃を下回る確率も2％未満になります。

等級4～7までの室温についての熱画像（サーモグラフィー画像）を紹介します。巻頭のカラーページの画像（写真①～④）をご覧ください。前准教授は、冬季に4種類の断熱性能の住宅で熱画像を撮影しています。熱画像では、温度が低いと青色に、高いほど黄色を経《へ》て赤色に映ります。結果は一目瞭然です。断熱等級4の住宅で暖かいのはエアコン周辺だけで、暖気が上にのぼってしまい、窓や床が冷たいことがわかります。等級5は、4と比べると良くなっていますが、まだ床の温度が低いままです。なお、消費エネルギーが多すぎて全館暖房ができない等級4と5の家では、暖房を入れている部屋でこの状態です。暖房を入れていない部屋は、当然さらに寒くなります。

次に、無理なく全館暖房ができる等級6の家になると、全体が黄色になり、温度ムラが減っていることがわかります。さらに等級7では全体がオレンジ色になっています。等級6以上であれば、寒い冬でもWHOが推奨する「すべての部屋の室温を18℃以上に保つこと」は難しくありません。数値上では、等級が4以上であれば、5でも6でも変わらないように思えるのですが、実は等級5と6との間にはこれだけの差があるのです。なお、気密性能については国の基準がありませんが、前准教授をはじめとするエコハウスの専門家の方たちは気密性能もセットで取り組む必要性を強調しています。

「ZEH」の性能は高くない

現在、断熱等級5とほぼ同じ性能の家は、日本ではゼロエネルギーハウス＝「ZEH(ゼッチ)」という名で販売されています。そして、2025年から断熱等級4が最低基準として義務づけられることになったため、これまで等級4の住宅を「最高等級」として販売していたメーカーの多くは新たに等級5のZEHをつくるようになりました。そして、すごい性能の住宅として営業し始めています。でも、購入する際にはくれぐれも気をつけてください。

「ゼロエネルギー」と聞くとエネルギーを使わなくて過ごせるイメージがありますが、それは事実ではありません。確かに、等級5の住宅で間欠冷暖房をした場合、等級4の住宅と比べれば40％ほど省エネになります（東京などの6地域）。しかし、等級5のレベルで全館冷暖房をすると、等級4で間欠冷暖房をする場合に比べて、エネルギー消費量が50％も増加してしまうのです。等級6の家では、全館冷暖房をしても、エネルギー消費量は増加しません。また、等級7では全館冷暖房をしても消費エネルギーを40％削減できます。

ZEHは日本政府が独自に定めた基準で、国際的にはゼロエネルギーと呼べる性能を持っていません。ZEHレベルの断熱性能は、窓に樹脂サッシよりも性能の劣るアルミ樹脂複合サッシを使っても基準をクリアできてしまうほどです。また、ZEHの断熱性能を示すUA値では、東京などの「6地域」は0・6になります。この数値は、他の多くの先進国では違法建築となるレベルです（P19・図2参照）。

政府が「ゼロエネルギー」と呼んでいる根拠には、太陽光発電の存在があります。そこそこの断熱性能で省エネした上で、多めに太陽光発電を付ければ、使った分のエネルギーを計算上は相殺できるからです。もちろん、太陽光発電でエネルギーの自給率を増やすことには意味はあります。しかし、ZEHレベルで全館冷暖房をすれば、太陽光発電を付けていてもまかないきれません。なお、ZEHの基準では空調、給湯、照明、換気のエネルギーは計算されていますが、その他の家電の消費エネルギーについては除外されています。

このように住宅業界には、「最高等級」や「ゼロエネルギー」といった、実態を反映しないまぎらわしい用語があふれています。まどわされないよう気をつけてほしいと思います。

長期的な視点で考えると、いまから家を建てたり購入したりするのなら、等級4や等級5（ZEH）を選ぶのは得策ではありません。なぜなら、いままで「最高等級」だった断熱等級4は、25年からは、新築住宅の最低基準として義務づけられます。さらに遅くとも30年には、等級5が新たな最低基準になる見込みです。住宅は建てたら何十年も住み続けるものです。合法とはいえ、最低基準ギリギリの性能になることがわかっているのに、わざわざその住宅を選ぶメリットはありません。

あえてお得な点を挙げるとすれば、初期費用が少し安くなることくらいです。とはいえ、第1章で紹介したように、性能が低い分、光熱費などは上がるので、長期的には差額は逆転します。建築時に断熱をおろそかにして得られるものはないと言えるでしょう。

新築については、性能を高めるための追加コストを回収するのは、それほど難しいことではありません。建築家で、東北芸術工科大学の竹内昌義《まさよし》教授（エネルギーまちづくり社[*2]代表）によれば、等級4から等級6にレベルアップするために必要なのは、窓のサッシをアルミから樹脂に替え、天井などに断熱材を追加するだけで可能となります。費用は、一般的な30坪の住宅で、およそ90万円程度からです（資材価格が高騰しているため、あくまで目安）。これは、光熱費の削減効果を考慮すれば、10年から15年ほどで回収できる金額です。なお、等級4を等級7にするには200万円から300万円ほどかかります。しかしその場合でも、25年から30年ほどで回収することができます。

工務店、ハウスメーカー選びの3つのポイント

それでは、エコハウスを建てるとなった場合、どのように工務店やハウスメーカーを選んだらよいのでしょうか。一般的には、地元工務店よりも知名度のある大手ハウスメーカーに安心感を持つ人が多いのではないでしょうか。ただ、断熱気密性能に関しては、必ずしも大手ハウスメーカーが地元の工務店よりも優れているとは言えません。むしろ2022年までは、大手の中で断熱気密性能にこだわっていたハウスメーカーはごく限られていました。また、工務店の中には大手を上回る優れた家を建てている会社もあれば、断熱等級4の家でさえ建てられない不勉強な工務店もありました。

私はさまざまなレベルの住宅やモデルハウスを取材していますが、モデルハウスに行ってまず行うのは、家の周りをぐるりと回って、室外機の数をチェックすることです。「わが社の住宅は高気密・高断熱です」と言っていても、室外機が6台も7台もあるなら、それくらいエアコンが必要な住宅ということです。本物のエコハウスであれば、一般的なエアコンが1階と2階に1台ずつあれば、十分に全館冷暖房が可能なはずです。

良いメーカーを選ぶために、それ以外に以下の3点を確認してみましょう。①断熱性能（UA値）は等級6以上、②気密性能はC値1・0以下（できれば0・5以下）、③夏の日射遮蔽と冬の日射取得ができる設計か、というものです。

営業担当者に質問するなら、それぞれ以下のような内容になります。①断熱性能について。「御社で建てている標準仕様の住宅の断熱等級およびＵＡ値はいくつでしょうか？　また、すべての窓はオール樹脂サッシが標準仕様ですか？」。

特別仕様でオプション料金を取って、断熱材を追加したり、オール樹脂サッシにしたりすれば、たいていの会社は数値上の高性能住宅をつくることができます。しかしその会社のポリシーとして、高性能住宅を重視しているのであれば、必ず標準的な仕様で断熱等級６以上、かつ窓はすべてオール樹脂サッシになっているはずです。ただの「樹脂サッシ」ではなく、「オール樹脂」という表現をしているのは、半分アルミで半分樹脂の複合サッシという性能の劣る製品を、まだ標準で使っている会社が多いからです。そのような会社は「複合でもオール樹脂でも性能はそれほど変わりませんよ」と言いますが、実際には複合サッシでは、計算上では出にくい内部結露などの問題が起こる可能性があります。

②気密性能について。「御社の標準仕様の住宅のＣ値はいくつですか？　また、全棟で気密測定をしていますか？」。

C値とは気密性能を示し、小さいほど隙間が少ないことを意味しています。気密測定とは、そのC値を測ることです。国の省エネ基準では、気密に関する規定がないため、気密測定を行っている会社は多くはありません。気密測定は設計上の計算ではなく、1棟ごとに測る必要があります。全棟で気密測定をしている会社は、信頼が置けます。また、関連して換気の方法や仕組みについても説明してもらうのがいいでしょう。

③日射対策について。「御社の標準仕様の住宅では、窓の外側でどのような日射遮蔽をしていますか？ また、冬の日射取得の工夫はどのようにしていますか？」。

日射対策を検討する際には、住宅の立地や方角、太陽の角度などを含めて計算します。そのため、適切な対策は1軒ごとに異なります。ポイントは、夏の日射の角度に合わせて軒やひさしを付けているか、日射遮蔽のために窓の外にブラインドなどを採用しているかどうか、冬の日射取得の対策はどのようにしているか、という点です。これにうまく対応できている会社は非常に限られています。

もちろん、エコハウスの条件にはさまざまな要素があるので、「この3つさえ良ければ必ず良いエコハウスである」というわけではありません。しかしこれらの質問にしっかりと即答できるのであれば、その会社は、断熱気密性能に力を入れていると言えます。

付け加えるなら、「夏と冬に宿泊体験をさせてほしい」「家を建てた方の話を聞きたい」というリクエストもしてみてください。しっかりとした会社であれば、すでに何棟もそういう住宅を建てています。私が経験したように、本物のエコハウスかどうかを確かめるには、外気温が厳しい季節に体感することが何よりも大切です。また、その会社で建てた住宅に満足している人が多ければ、喜んで家を見せてくれたり話を聞かせてくれるはずです。

22年に断熱等級の基準が変更された前後から、全国で断熱気密性能を売りにする会社が一気に増えました。しかし、それまであまりエコハウスを建てていない会社では、計算通りに数字が出ない住宅や、施工ミスが相次いでいるという声も聞こえてきます。

「断熱気密性能の数値は同じなのに、長年エコハウスを建ててきたA社より、新興のB社のほうが1000万円も安い」というような場合は気をつけてください。その安さには裏がある可能性があります。それをチェックするためにも、宿泊体験ができるか、すでに住宅を建てた方の話が聞けるか、という点はとても重要になります。

改修のポイント①内窓はコスパ最強の対策

ここからは既存住宅の改修について取り上げます。世の中の9割以上を占める既存住宅を断熱改修することは、極めて大事なことです。しかし、既存住宅は建物の劣化具合や形状などが1軒ごとに異なり、大掛かりな改修になるほど難しくなります。一方で、断熱性能の低い建物は、改修すればすぐに効果がわかるというメリットもあります。

もっとも優先してほしいのが、熱の最大の出入り口となる窓の対策です。窓のリフォームには、①壁を壊して窓を交換、②既存の窓枠を残し、一回り小さな窓を設置するカバー工法、③部屋の内側に内窓（二重窓）を設置、という3つの方法があります。かかるコストは①→②→③の順に安くなります。中でも、もっとも手軽で費用も安い内窓は、どんな住宅にもお勧めです。また、マンションの場合は外の窓を交換できないので、選択肢は内窓のみとなります（写真6）。

内窓には、窓を2回開けることになるというデメリットがあります。しかし、その手間をはるかに上回るメリットがあります。内窓を設置すると、夏も冬も外気の影響が抑えられ、空調の効果が高まるため、結果として光熱費が下がります。また、窓際の暑さや寒さが軽減されて快適性が上がります。結露もかなり減らせるので、カビやダニの増殖も抑えられます。

内窓は、断熱リフォームの中で、もっとも手軽で、かつ費用対効果に優れています。私もことあるごとに、いろいろな人にお勧めしています。実際、設置した知人、友人は、内窓の劇的な効果を体験して、口々に「なぜもっと早くやらなかったのか」「いままでは寒さをがまんして損をしていた」などと言います。費用を払うのは最初だけで、その後何十年も、光熱費の削減や快適性アップといった効果が続きます。これほど効果的な投資はなかなかありません。

戸建て住宅は窓が多く、一度に内窓を全部付けると金額がかさんでしまいます。そこで優先したいのは、リビングや寝室など、長い時間を過ごす部屋です。また冬に寒くなりがちな脱衣所や浴室に付ければ、効果を実感しやすくなります。マンションの場合は、窓の数が限られているので、可能な限りすべての窓に設置することをお勧めします。すべて設置しても、コストは30万～60万円程度で済みますし、温熱環境が劇的に変わります。

内窓の注文は、インターネットで「内窓」と検索すればメーカーの内窓を販売、設置している施工業者のサイトが出るので、簡単に注文できます。工事にかかる時間は1か所あたり30分から1時間程度で、価格は窓のサイズなどにより、1組4万~20万円程度（工賃込み）になります。２０２３年から国の補助金制度も始まりましたが、それに限らず補助金を出している自治体も多く、支出を下げられる可能性があります。内窓にはさまざまな仕様がありますが、（オール）樹脂サッシで、ガラス２枚のタイプのものが標準的です。ガラスに薄い金属膜を蒸着して断熱性能を上げたLow-Eタイプのものが、効果が高いのでお勧めです。

写真6

築40年の住宅の脱衣所に設置した内窓

©高橋真樹

内窓の劇的な効果

とはいえ、内窓の効果を体感したことがなければ、初期投資の金額を見て躊躇《ちゅうちょ》してしまう人の気持ちもわかります。そんなときはまず体感してみてください。ＹＫＫ ＡＰやＬＩＸＩＬ

など、窓を製造しているメーカーの全国のショールームには、内窓の効果を実感できる設備があるので、そういった場所で性能の違いを感じてみるのがいいと思います。

実際に内窓を付けた友人2人の声をお伝えします。まずは群馬県で築35年の戸建てにお住まいのマスミさん（40代）です。冬の寒さと窓の結露に悩まされ、同居する高齢のご両親のヒートショックも心配でした。そこで2017年に、居間と浴室、脱衣室の合計6か所に、24・5万円（うち補助金10万円）をかけて内窓を設置しました。付けた後は、「部屋が暖まりやすく、快適になりました。暖房を消して寝ても、朝起きたとき部屋が暖かいままで嬉《うれ》しいです。結露もなくなりました。内窓を付けたことで平均室温が3℃くらい上がっています」と喜びます。今後は冷たいお風呂の床も断熱したいと考えているとのことです。

2人目は東京都で築30年の戸建て住宅にお住まいのミホコさん（60代）です。こちらも17年にリビングの3か所の窓に内窓を設置しました。同時に床下にも断熱材を入れたので、冬の寒さは大きく改善されました。ミホコさんは言います。

「家族は『天と地の差』だと言っています。冬の寒い日の朝は、内窓を付けていない窓のそばは5℃ぐらいですが、内窓のそばは10℃以上あります。エアコンをつけたときに暖まるのも早いです。以前はこんなに冷たいガラス窓1枚で生活していたんだとびっくりしています」。現在は、玄関ドアからの冷気が気になるので、ドアのリフォームも検討しているそうです。

お話を伺って素晴らしいと思うのは、2人とも簡単に設置できる内窓の効果を体感したことがきっかけとなり、他の場所のリフォームにも関心を持つようになったことです。「寒い」「暑い」と言っているだけでは状況は変わりませんが、実際にやってみたことで、現状を変えられる手応えをつかんだのではないでしょうか。実は私自身も、以前住んでいた築40年の戸建て住宅の脱衣所の窓に、内窓を設置した経験があります（巻頭のカラーページ写真⑤〜⑥）。熱画像で測ると、付ける前は窓の部分が冷たくなっていましたが、付けた後は窓が弱点ではなくなっていることがわかります。小さな窓1組でも、これほど効果があるんだと実感した経験が、次のステップにつながっています。

写真7

断熱性の高いハニカムブラインド

©高橋真樹

改修のポイント②遮熱は窓の外で

窓といえば、夏の日射遮蔽（遮熱）も極めて重要です。単に外気温が高いだけであれば、断熱をすれば室内が暑くなることを防げます。しかし直射日光が入り続ければ、樹脂サッシにトリプルガラスという超高性能の窓でも、室温上昇は防げません。多くの家では、室内のカーテンやブラインドなどで日射を遮っていると思います。しかし室内側の対策だけでは、外から入る熱の40％ほどしか防げていません。ポイントは、日射を窓の外で防ぐことです。外でカットすれば、室内に入る熱の80％ほどを減らすことができます。

すぐできるのは、伝統的なすだれです。また、日よけ用の布（外付けスクリーン／アウターシェード）も効果的です。薄いと効果が半減するので、日光の透過率が低いスクリーンを、直射日光が差し込む窓の外に設置すれば、暑さが大きく和らぎます。窓の外の対策と内窓を組み合わせれば、冷房の効きは格段に向上します。

事情により、どうしても窓の外に設置できない場合は、次善の策として室内側にカーテンやブラインドを取り付けることになります。その場合は、中に空気層のあるハニカムブラインド（写真7）など、断熱性能の高いものを選ぶのが効果的です。

なおドイツでは、窓の外で日射を遮ることが常識になっています。戸建てやマンションだけでなく、公共施設や商業ビルといった大きな建物でも、外付けスクリーンや外付けブラインドといった設備が当たり前の風景になっていました（写真8）。

写真8

ドイツではビルの窓も、外付けブラインドで日射遮蔽されている

© 高橋真樹

改修のポイント③寒さ対策なら床

窓の断熱効果は大きいのですが、古い家の場合はさすがにそれだけで、冬暖かく夏涼しい暮らしができるわけではありません。家によっては、床や壁、天井などに断熱材がほとんど入っていないこともあります。また、気密性も確保されていないため、隙間から外気の影響を受けやすくなっています。

窓の次にはどこを優先するのが効果的でしょうか。窓以外の断熱改修は、費用対効果で言えば、床&天井→壁→気密、という順番になります。気密性を高めることは不可能ではありませんが、断熱改修の中ではもっとも難しく、費用もかかるためここでは解説を割愛します。

比較的やりやすいのは床です。床の改修は、特に冬の寒さ対策に効果的です。人の体が直に接する床が冷たければ、その分寒さが伝わります。工事では床の下に潜り込んでボード系の断熱材を貼り付ける工事が一般的です。床を剝がす必要がないので、工事は1日前後、費用の相場も20坪で30万~40万円ほどで行うことができるとされています。床板が傷んでいるようであれば、床板を剝がして替えてしまうのも効果的です。その場合の費用は、張り替える材の価格によっても変わりますが、相場は20坪で80万～120万円程度とされています。

前准教授は、床を改修した住宅の熱画像を撮影しています（巻頭のカラーページ写真⑦～⑨）。改修前は、床の温度が低い状態です（写真⑦）。次は改修して少し良くなりましたが、まだ若干冷えています（写真⑧）。家具の配置などで、エアコンの暖気が床に届いていないことが原因でした。そこで家具の配置を工夫して、暖気が床に届くようにしました（写真⑨）。床断熱プラス暖房によって、劇的な違いが出たのです。

冷たい床の対策として、改修工事の際に床暖房を入れるケースもあります。否定はしませんが、床暖房は人がいない部分も暖め続けるため、かなりのエネルギーが必要です。光熱費の削減、省エネ、という観点からいうとあまりお勧めできません。また、床暖房のある場所とない場所とで温度が大きく変わってしまうのは、健康的ではありません。それよりも、普段過ごすエリアの床に断熱材を多めに入れることで、足元が寒くない環境をつくるほうが良いように思います。

改修のポイント④暑さ対策は天井

近年は気候変動の影響で、全国的に尋常ではない暑さが続いています。そんな中、太陽の熱をもっとも受けるのが天井です。天井の断熱材が薄ければ、どれだけエアコンの出力を上げても2階やロフトを涼しくすることはできません。その場合、天井に断熱材を入れる工事が効果的です。断熱等級4の住宅の場合、天井の断熱材は150㎜前後入っています。そこに断熱材を追加して、合計で300㎜程度の厚みにすることで、暑さがかなり低減されます。費用は面積や工法、断熱材の種類などにより大きく変わりますが、天井を剝がさずに行う工事の場合は15万~40万円が相場とされています。

このような話をすると、「屋根に遮熱塗料を塗るのも効果的」と言う人もいます。遮熱塗料には、日射を跳ね返し太陽の熱を和らげる効果があるのは確かです。ただ、効果は色や種類によってさまざまです。また、次第に効果が落ちるので、何年か後に塗り直す必要があります。さらに一般的には、冬の断熱効果はありません。

遮熱塗料は本来、屋根に断熱材を入れるスペースのない工場などで、夏の暑さを和らげる対策として開発されたものです。断熱材を入れるスペースがある住宅で使うためのものではありません。天井に断熱材を入れた場合は、夏だけでなく冬も、暖気が天井から抜けるのを防いでくれます。しかも家を使い続ける限り効果が続きます。お金をかけるなら断熱材を追加したほうが、費用対効果が良くなります。

改修のポイント⑤ゾーン断熱

ここまで、窓、床、天井と話を進めてきました。最後は壁です。住宅の大きさにもよりますが、壁はもっとも面積が広いので、他の工事に比べて大掛かりになります。壁の改修では、壁の外側から断熱材を貼り付ける外断熱と、室内側に断熱材を追加する内断熱（付加断熱）の2種類があります。外断熱の場合は、家の外周にスペースが必要です。また、外壁を新たにつくる工事になるので、より高い費用がかかります。内断熱の場合は、外断熱に比べて費用は安くなりますが、室内が狭くなるというデメリットもあります。いずれにせよ、広い家全体を改修するとなると、費用対効果の問題が出てきます。

そんなときは家の中でゾーンを区切って断熱する「ゾーン断熱」という方法があります。

例えば、2階の部屋を使っていた子どもが独立して、いまは夫婦で1階しか使っていないような場合、1階の窓と床、壁のみを断熱する方法です。予算に余裕があれば、さらに天井や気密工事を考えてもよいでしょう。逆に予算が足りなければ、壁は後回しにして窓と床だけにすれば、費用をかなり抑えられます。ゾーン断熱は、家全体を断熱改修するのに比べて、少ない費用で普段使うエリアを暖かく、かつ涼しくすることができます。また、光熱費を削減しつつ、熱中症やヒートショックなど、さまざまな健康リスクを減らせます。

いずれにせよ大掛かりな工事にはなるので、いま暮らしている住宅にあと何年くらい住み続けるのか、そのためにどれくらいの費用がかけられるかを検討した上で、改修することをお勧めします。

なお、ここで断熱材の種類についても簡単に紹介しておきます。もっとも一般的なのは、グラスウールなどの繊維状の断熱材です。また、ボード状の固体系のものや、スプレーで吹きつける発泡系のものもあります。紙を原料にしたセルロースファイバーや、木くずが原料のウッドファイバーは自然素材で、価格は高めですが調湿性があります。それぞれ特徴が異なるので、設置する場所や予算、工事をする工務店が使い慣れているか、などにより使い分けるのがいいでしょう。

デザインの自由度にも影響する戸建ての断熱改修

ここからは、具体的な断熱改修の事例を2つ紹介していきます。まず、戸建て住宅の大規模改修事例を紹介してもらったのは、建築士の小嶋直《なお》さん（コーデザインスタジオ代表）です。2018年に改修を手掛けた物件は、埼玉県川口市にある築24年の2階建ての戸建て住宅です。築年数はそれほど古くはないものの、断熱性能は等級4を下回っていて、夏は暑く冬は寒い状態でした。

改修工事では、天井、床、窓、そして壁と一通り手を入れました。まず、天井にはもともとあった断熱材に加えて、新たにグラスウールを155㎜敷き詰めました。床には1階の床下にグラスウールを100㎜入れました。窓はアルミサッシのシングルガラスでしたが、すべての窓に手を加えました。大きめの掃き出し窓2組は樹脂サッシ（ペアガラス）に変更、その他の13か所の窓は、ガラスをペアガラスに交換しました。壁についてはもともと手を加える予定はなかったのですが、雨漏り対策や間取りを変更するために壁を剥がすことになり、せっかくならと部分的に内側に断熱材を追加しています。

断熱改修前、夏は2階のリビングダイニングが天井や窓から伝わる熱で暑かったのですが、改修後はそれが和らぎました。また、冬の寒さも改善しています。家主の強い希望で、改修の際にリビングに床暖房を入れたのですが、結果的にはあまり使わずに済んでいるとのことです。費用は、間取りを大きく変えるなど大規模に改修したこともあり、全体で1900万円ほどかかっていますが、断熱にかかった部分のみであればそれほど大きな金額ではありません。例えば、すべての窓の改修にかかった費用は140万円ほどでした。

小嶋さんは、リノベーションを依頼してくるお客さんに、「この機会に断熱もきちんとやったほうがいいですよ」と提案することにしています。断熱の理解に効果的なのが、やはり体感です。夏や冬に小嶋さんが断熱改修を行った住宅を訪問してもらうことで、説明だけではピンときていなかったお客さんも断熱の価値を理解してくれるそうです。小嶋さんは言います。

「うちに依頼してくるお客さんは、デザイン性を求める方が多いんです。でも単にビジュアルだけで吹き抜けや大空間をつくってしまうと、暑くて寒い空間になりやすい。断熱をちゃんとやれば、大空間でも室温が安定するので、デザインの自由度が増します。そういう意味でも、断熱はできるだけしてもらうのがいいと思っています」

バブル時代のマンションを断熱改修

次はマンションの事例です。マンションの断熱性能は、戸建てに比べるとやや優れています。外と接する壁が少なく、上下左右を住人のいる部屋に囲まれていれば、周りが断熱材の役割を果たすからです。逆に、最上階の角部屋などは、天井と壁から熱せられるため、夏は暑くなりがちです。上下左右を囲まれている部屋であれば、外に接している窓を中心に断熱改修すれば、少ないコストでより大きな効果を得ることができます。

マンションは個人で共用部に手をつけることができないため、部屋の内側でできる範囲の改修を行うのが一般的です。日本エネルギーパス協会の今泉太爾さんは、千葉県浦安市を中心に中古マンションの断熱改修も手掛けてきました。紹介してもらった事例は、バブルの頃に建設された海岸沿いのおしゃれなマンションで、４ＬＤＫ（１０５㎡）の広さがあります。しかし窓を最大限大きく取ったつくりなので、夏も冬も、エアコン５台をフル

写真９

今泉さんが改修したマンション。外に接する壁の上部には断熱材を入れ、窓には内窓を設置した　©高橋真樹

稼働させても快適とは言えない環境でした。また結露がひどく、壁に大量のカビが生えるほどでした。

そこで２０１６年に、窓と壁、床の改修を行い、すべての窓に内窓を設置しました。また、外と接している壁の上部には、約50〜80㎜の断熱材を入れました。内側を厚くすることで部屋は狭くなりますが、寒くて使えなかった窓辺のスペースが使えるようになるため、スペースを有効利用できるようになりました。今泉さんは説明します。

「マンションに限りませんが、改修の際、壁紙がカビで汚れたら上から新しい壁紙を貼って表面だけきれいにする工事が行われています。でも、カビの原因が解決されないと同じことが繰り返されるだけ。目には見えなくても、壁に断熱をすることで、その後の暮らしが向上するんです」

なおこの部屋はマンションの1階なので、冬は床から冷気が入ってきていました。そこで、床下にも断熱材を敷き詰めました。こうした工事により、夏も冬も格段に快適に過ごせるようになりました（写真9）。私が訪れたのは35℃の猛暑日でした。以前の夏は、エアコン5台をフル稼働してもビニールハウスのように暑かったそうですが、いまではエアコン2台で十分に全室を涼しくできるようになりました。

マンションの断熱リフォームの金額は、すべての窓に内窓を設置する場合、一般的には30万〜60万円程度です。壁の断熱（外に接する外壁）は、壁を剥がして戻す手間がかかるので、工事費は合計で200万円ほどになります。そのため、壁については断熱だけを考えて行うのではなく、壁紙の交換などリフォームするタイミングで、断熱材を入れるのが効果的です。今泉さんは言います。

「部屋やキッチンなど他のリフォームに比べると、断熱にかかる費用は微々たるものです。その金額で、暑さ寒さを改善して、結露やカビを減らし、健康的な暮らしができるのだから、やらない理由はありません。体感したことのないお客さんに、理解してもらうのは時間がかかります。でも、100件以上の断熱改修をしてきて、後で『断熱しなきゃ良かった』と言われたことは一度もありません」

最近では、管理組合が合意してマンション全体を断熱するケースも出てきています。工事は建物の外側に50~100㎜程度の断熱材を貼り付ける外断熱工事が一般的です。また、それに伴ってドアやサッシの交換が行われるケースもあります。マンション所有者でつくる管理組合が断熱改修に合意するのは、資金や高齢化の問題、そして全会一致の原則をとっているところも多く、簡単ではありません。しかし、外断熱をすることで建物の寿命が延びるというメリットもあり、長期的な視点で計算すれば、金銭的にも得をすることになります。そのため、補助金も活用しながら実施する例も出てきています。

国（国土交通省）も、すでにある建物を有効活用するため、長寿命化を図る改修工事を後押しする方針を打ち出しています。その一環として、マンションの管理の適正化についての法律（22年施行）や、長寿命化のための工事をした場合、固定資産税を優遇する特例措置（23年施行）なども定めています。全国で、老朽化したマンションが建て替えられず、修繕もままならないケースも多く出ているいま、社会課題を解決する取り組みとしても、断熱改修は注目されています。

リフォーム業者選びの3つのポイント

リフォーム工事を依頼する場合の、業者選びについても紹介します。残念ながら、住宅のリフォームをめぐるトラブルは多発しています。業者選びは、複数の業者から見積もりを取り、比較をするのが一般的です。しかし、見積金額だけではわからないこともあります。今泉太爾さんから、ポイントを3つ教えてもらいました。

1つ目は「建設業許可」の免許を持っているかどうかです。実はリフォーム業者には資格が不要で、「今日からリフォーム屋になる」と言えば素人でも勝手に名乗ることができます。それらしいウェブサイトをつくれば、建築の知識がなくても仕事ができてしまうのです。悪質なリフォーム業者がトラブルを繰り返している背景には、このような事情があります。そのため少なくとも、「建設業許可」の免許を持っている業者に依頼する必要があります。

2つ目は、リフォーム経験です。リフォームは1軒ずつの状況に合わせて行うので、現場での応用力が求められます。普段は新築しか建てていない工務店では、十分に対応できない可能性があります。リフォームをどれだけやっているかを確認するのがよいでしょう。

3つ目は、リフォーム現場の見学です。過去の事例や、いま手掛けている物件を見せてもらうのがよいでしょう。見せてもらえないということは、何か事情があるのかもしれません。

お金をかけずに断熱する「DIYリノベ」

ここまでは、新築や既存住宅の改修など、主にプロにお願いする際のポイントを紹介しました。一方で、「そこまでお金はかけられないけれど、できることはないだろうか」と考える人もいるはずです。

プロにお願いするのに比べれば性能は落ちますが、家を暖かく（涼しく）する方法はあります。それも、ホームセンターなどで売っている「プチプチを窓に貼る」といったような応急処置にとどめるのではなく、本格的に家を断熱して快適にする方法です。

自分でやる場合は、費用対効果と労力を考えると、やはり窓と床が中心になります。もっともお勧めしたいのは、やはり内窓です。賃貸の場合は、メーカーの内窓は付けられませんが、ＤＩＹ（Do It Yourself）型の内窓があります。ＤＩＹと言っても、一からつくるわけではなく、インターネットやホームセンターなどで販売されている、簡易的な内窓キットを使います。キットは１万円台からと安価で、両面テープなどを使って貼り付けるため、賃貸住宅に向いています。普段ＤＩＹをやり慣れている方であれば短時間で付けられます。未経験者でも設置可能です。

メーカーの内窓と比べると性能は高いとは言えませんが、それでも窓際からの熱気や冷気を弱める効果があり、あるとないとでは大違いです。弱点としては、手製の内窓なので引き違い部分に隙間ができてしまうことです。そこを、隙間テープでふさげば、隙間風はだいぶ弱まります。

なお、ＤＩＹの内窓はプラスチックレールや中空ポリカーボネートといったプラスチック素材が使われているため、耐久性の面で、大きな掃き出し窓などへの設置は不向きです。ＤＩＹに慣れている方であれば、木材とポリカーボネートなどを入手して、自分で内窓を製作することもできます。市販の内窓キットよりも、もっとしっかりしたものをつくりたければお勧めします。つくり方は、YouTubeなどでもさまざまな方法が紹介されています。

夏の暑さ対策としては、窓の外で日射を防ぐことが何より重要です。もっとも簡単なのは、すだれをかけることとです。ホームセンターなどでは、窓の外側に取り付けられる器具などと一緒に売っているので、すぐに設置できます。なお、すだれは冬の日射取得の妨げになるので、暑い時期が過ぎたら外しましょう。

窓の外で対策をしたら、次は窓の内側にも対策をします。簡単に済ませたい場合は厚手の断熱カーテン、もう少し予算をかけられるのであればハニカムブラインドがお勧めです。間に空気層があるハニカムブラインドは、夏だけでなく冬も高い効果を発揮してくれます。

断熱DIYワークショップ

次に床です。賃貸の場合は制限があるので、カーペットの下にアルミシートを敷く、畳の下に断熱ボードを入れるといった方法に限られます。しかし持ち家であれば、もう少し手をかけることができます。プロが指導する「断熱DIYワークショップ」などで行われるのは、床下に潜り込んで断熱材を貼り付けるのではなく、床の上に断熱ボードを敷き、その上から新しい床材を貼る方法です。床が数cm高くなるものの、床下に潜り込むよりはずっと楽に工事ができ、費用も安く済みます（写真10）。

写真10

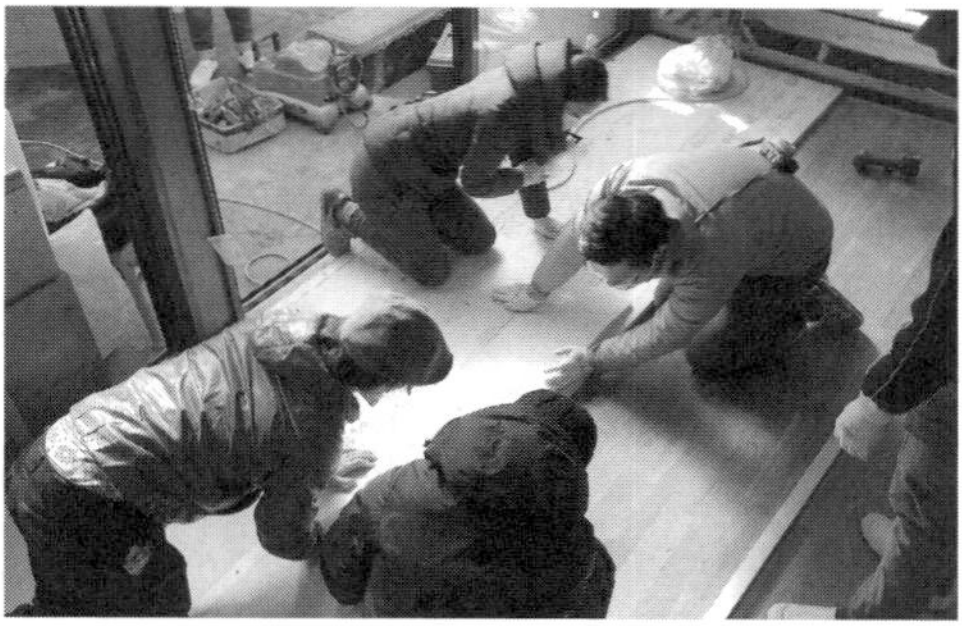

断熱DIYワークショップでの床断熱の作業。既存の床の上に木を打ち込み、その間に断熱材をはめこむ。この上から新しい床を貼れば完成

©高橋真樹

その他の工事は素人だけでやるには少々ハードルが高くなりますが、指導してくれるプロと一緒であれば、安全性に配慮しながら壁を剥がしたり、断熱材を詰めたりする経験は貴重なものとなります。

一般の人たちを集めて、古い住宅をＤＩＹで断熱する体験をしてもらう断熱ＤＩＹワークショップは、各地のＮＰＯや住民グループ、自治体などが主催して行われるようになっています。２０１５年からこのワークショップを指導して

きた建築家の竹内昌義教授は、「省エネで暖かい暮らしは、お金のある人だけでなく、DＩＹでも実現できる方法があることを示したかった」と言います。こうした自分たちで断熱を手掛ける動きが、第４章で紹介する学校の教室などの断熱改修にもつながっています。

断熱の重要性を感じるには、何よりも体感することが大切です。その意味でも、多くの一般の人たちが手を動かして断熱工事を行うこうしたワークショップには、大きな意義があります。ちょっとしたことでも効果的な断熱ができると知ることで、それまで遠い存在だった断熱が身近になるからです。

お金をあまりかけなくても、あるいは制限の多い賃貸住宅であっても、断熱する方法は必ずあります。そして、やればやっただけ効果は出ます。あきらめずに工夫し続けることで暮らしに変化が生まれてくるはずです。

第4章　断熱で社会課題を解決！

いま、日本社会のさまざまな課題に対して、断熱（建物の性能向上）という切り口で解決をめざす取り組みが始まっています。この章で具体的に取り上げるテーマは、次の３つです。

①賃貸アパートの高性能化
②中古住宅の断熱リノベーション
③学校など公共施設の断熱

それぞれについて、画期的なプロジェクトの事例を紹介します。居住者の健康や省エネという論点にとどまらない、断熱の可能性を広げる挑戦です。

賃貸アパートは「暑い」「寒い」「うるさい」

まずは、テーマ①賃貸アパートの高性能化です。賃貸住宅、中でも若年層や高齢者、低所得世帯が住むことの多い木造賃貸アパートには、一般的に「暑い」「寒い」「カビが生える」「うるさい」といった問題がついてまわります。基本的にはオーナー自身が住むことのないアパートでは、断熱気密性能が一般の住宅以上に軽視されてきました。

賃貸住宅を選ぶ際、多くの人が重視するのが、家賃や駅からの距離、広さなどです。そうした条件がほぼ同じ場合、次に何を優先するでしょうか。リクルートが実施したアンケート[*1]では、「間取りが好み」「設備がきれい」「内装が好み」といった、目で見てわかる項目が上位に並びます。一方で「遮音性」「断熱性」といった性能に関する項目は下位となっています。

ところが、実際に住んだ後の不満点は、選ぶときとは逆に「遮音性」「断熱性」が上位になります。別の調査[*2]でも、不満の多い順に「上階の足音や声が響く」「断熱効果が弱く、夏暑く、冬寒い」「風通しが悪く、湿気がこもり、カビが生えやすい」「壁が薄いため、隣室や外の音がうるさく、室内の音も外に漏れる」といった項目が並びます。

さらに、暑さ、寒さ、結露、カビ、音などのストレスによって、引っ越しを検討する人が約3割以上もいました。住み始めると、目には見えにくい性能の部分が気になってくるのです。日本の賃貸アパートの性能は、なぜ極めて低いまま放置されてきたのでしょうか。投資目的で建てられる賃貸住宅は、初期投資を抑えてできるだけ早く資金を回収することに主眼が置かれてきました。そのため性能が軽視され、隣室の声が丸聞こえになるような壁で建てられています。また、たとえオーナーが性能の向上を検討したとしても、金融機関が投資回収までの時間がかかる融資に難色を示すケースがほとんどです。背景には、後ほど説明する国の「法定耐用年数」の短さが関係しています。金融機関としては、木造アパートの耐用年数が切れる前に、融資を回収するのが常識となっているのです。

同様の理由から、不動産仲介業者は「業界の常識」とは異なる高性能な建物の扱いに対応できず、場合によっては「面倒な物件」と敬遠されることもあります。さらに、そもそも断熱性能の高い賃貸住宅を希望する入居者がいないという課題もあります。そのため、日本では高性能な賃貸アパートはほとんど供給されてきませんでした。

実際、かつて私自身がアパートを探していたときに、不動産屋さんに候補となる物件の断熱性能について尋ねたところ、まったくわからないとの答えでした。そのような質問はされたこともないし、断熱を意識した契約はしたことがないと言われました。しかし最近になって、業界の常識を塗り替える高性能な木造賃貸アパートが誕生しています。そのうち2つの現場を訪れました。

写真11

パティオ獅子ヶ谷の内装　©中村晃

手頃な家賃の超高性能アパート

はじめに紹介するのは、神奈川県横浜市の「パティオ獅子《しし》ヶ《が》谷《や》」（2021年春入居開始）です。1LDKの部屋数は4戸で、一般的なワンルームに比べて1・5倍の広さ（約32㎡）があり、2人入居にも対応しています。そして、空間全体がエアコン1台の出力で冷暖房できるように設計されています（写真11）。

断熱性能と気密性能は、戸建ての高性能住宅と同等の断熱等級6です。これは、従来の木造アパートの性能からは考えられないことです。これまで、北海道や東北ではこのレベルのアパートがわずかに存在していましたが、南関東の神奈川では例がありません。

これだけの高性能アパートとなると、建築費や入居費が高額になりそうですが、そうではありません。建築の際、断熱のため追加でかかった費用は11％（約320万円）ほど。入居費は、周辺の相場より15％ほど上乗せされています。性能面に加え、広さや居室のデザイン性も加味してこの価格と考えれば、決して高くはありません。

コストと性能の両立は、オーナーと建築家、そして建設会社が、協力して工夫を凝らしたことで実現しました。設計を手掛けた内山章さん（スタジオA建築設計事務所代表）は、「特殊な建材を使用しないことでコストを抑えつつ、住み心地につながる部分はこだわりました」と言います。床のフローリングには無垢《むく》材《ざい》を使用、肌触りの良さに加え、床からの冷気を和らげます。熱や音の出入りが大きい窓には、ペアガラスの樹脂サッシを採用しました。アパートが面する通りには頻繁にバスが走りますが、この窓のおかげで騒音はかなり抑えられています。

段違いな住み心地

オーナーである岩崎興業地所は、周辺地域に20棟、約280室の賃貸アパートを所有する不動産会社です。内山さんに設計を依頼した、同社の岩崎祐一郎専務が言います。

「短期的な収益だけを見るのではなく、地域の将来を考えて資産価値の高いアパートを建てることが、今後の事業モデルになるのではないかと判断しました」

確かにアパート経営の将来を考えると、日本全体で人口が減少する中、高性能化によって暑くて寒い一般の木造アパートとの差別化が図れるはずです。

課題となる融資は、岩崎さんの祖父の代からの付き合いという地元の信用金庫が、会社との信頼関係をもとに行いました。入居者の募集には、岩崎さんと内山さんがアパートの魅力をわかりやすく伝えるチラシを作成。不動産仲介業者が、入居を検討する人にチラシを渡すだけで済むように工夫しました。その成果もあって、2021年はじめに募集を開始すると、約1か月で満室となりました。

その当時に入居し、すでに2年間居住している会社員のIさんは、以前の住まいと比べて段違いに快適になったと喜びます。

「窓を開けると車の音が聞こえますが、閉めると気になりません。結露もなく、寒い日でも暖房をつけるとすぐに暖まります。日々の暮らしでストレスを感じにくくなったので、よほどの環境の変化がない限りここに住み続けたいと思っています」

岩崎興業地所の事業は、新築よりも建て替えやリフォームが中心です。岩崎さんは、今回試みた断熱の知見を古くなったアパートなどのリフォーム事業に活かしていきたいとしています。

隣室や上階の音がしないアパート

次に紹介するのは、埼玉県東松山市の「弐番町アパートメント」です。住宅街の中に現れた、板張りの美しい外観が目を惹《ひ》きます。こちらは2階建てで部屋数は8戸。1LDK（45㎡）が2部屋、2LDK（60㎡）が6部屋で、ファミリー利用も可能です。無垢材の床や天然素材でできた壁紙など、注文住宅並みの上質な空間になっています。

南側の窓を除き、窓にはトリプルガラスの樹脂サッシを採用するなど、断熱性能は等級6を上回るレベルになります。こちらもエアコン1台の出力で、年間を通じて部屋の温度を一定に保つことができます。家賃は相場の約2割増ですが、駅から徒歩4分で、公園に隣接する好立地、おしゃれな外観と内装も相まって、2021年春に募集を始めると、約2か月で満室となりました。

「高性能住宅を普及させたい」というオーナーからの相談を受けて、設計と施工を担当したのは、地元で高性能な注文住宅を建ててきた工務店の夢・建築工房です。代表の岸野浩太さんは、賃貸住宅を手掛けた理由として、「高性能住宅の存在を知らない一般の方に、その魅力を体感してほしいと考えました」と語ります。

岸野さんがもっとも気をつかったのが、隣室との間の壁と、2階の床の遮音性です。外からの音は遮断しても、他の部屋の音が伝わりやすければ不快に感じます。そこで岸野さんは、防音仕様を研究し、壁や床の断熱材を通常より大幅に厚くしたり、遮音マットを敷いたりといった独自の工夫を重ねました。実際、入居者からは音が静かだと好評です。さらに岸野さんは23年春に、同じオーナーの依頼で、戸建ての高性能賃貸住宅を建てています。

課題は資金調達

こうした高性能賃貸住宅づくりを手掛けるオーナーや建築家は、全国で増えつつあります。しかし、今後そうしたアパートを増やすには、金融機関の融資に対する姿勢が大きな課題です。今回紹介した2件を含め、私が取材した高性能賃貸住宅では、オーナーと地元金融機関との間にすでに強い信頼関係があるケースが大半です。それが担保となり、初期投資が高くなっても融資がおりています。しかし、金融機関にとってこれまで取引のないオーナーが同様の提案をした場合、難色を示される可能性が高まります。

金融機関の融資の目安として使われるのが、建物の「法定耐用年数」です。これは、国税庁が定めた「税法上その建物の価値がゼロになるまでの年数」のことです。例えば木造アパートなら22年、鉄筋コンクリートのマンションなら47年と定められています。耐用年数はあくまで税制上の計算に使うためのもので、その年数で建物が使えなくなるわけではありませんが、金融機関はその年数に応じて融資を決めています。実際は、構造が同じ木造であっても、性能の違いなどにより建物の耐久性は大きく異なります。しかしその価値が、まだ国や多くの金融機関の審査部には理解されていません。そのため、木造であれば何年で価値がなくなるという風に、ひとくくりにされてしまっています。

少し話はそれますが、10年ちょっと前、私は自然エネルギーの分野で同じような話を見聞きしていました。地域のエネルギーをまかなうために、地元の事業者らが太陽光発電や風力発電を設置しようという動きを取材していたときのことです。当時はまだ日本で自然エネルギーがあまり認知されておらず、有力企業でなければ金融機関から融資を断られるケースが相次いでいました。そこで、それらのグループでは「市民出資」という形で、不特定多数の人々から資金を募り、涙ぐましい努力を積み重ねて発電所を建設しました。

そんな中、２０１２年に国がＦＩＴ制度（再生エネルギー固定価格買取制度）を施行します。これは、国が自然エネルギーでつくった電力を、20年間同じ価格で買い取る保証をするという、発電事業の収益性を確かなものにする制度です。金融機関からすれば、国が保証しているのだから、これほど安全な融資はないはずです。それでも当初は、新しいタイプの事業に対応できず、いままでやったことがない太陽光発電などへの融資に及び腰の金融機関が大半でした。ようやく融資が決まるようになったのは、それから数年経って太陽光発電などが普及するようになってからのことです。

今後は、高性能住宅や高性能アパートについても、自然エネルギーと同様に重要性が認識されてくるはずです。高性能化のスピードを速めるには、まずは金融機関が融資しやすくなる仕組みを、行政が整備することが重要です。また、金融機関のほうでも脱炭素の実現に不可欠な建物の性能面を査定する能力を身につける必要があるでしょう。実際、国に先駆けて高性能住宅の普及に取り組んでいる鳥取県では、先述の耐用年数の基準の見直しを、不動産業者や金融機関と連携して進めています（第5章で詳述）。

ビジネスのためにアパートを断熱

木造賃貸アパートは、独立や結婚を機に、人が最初に選ぶ住まいだと言われています。いままでは暑い、寒い、うるさいが当たり前でしたが、住み心地が快適になれば、入居者が次の住まいを選ぶ際にも、性能を重視するようになるはずです。実際、話を伺った「パティオ獅子ヶ谷」入居者であるIさんは、「住まいを移ることになった場合、次に住む場所でも性能を意識して選びたい」と語ってくれました。

エコハウスに暮らすようになった私の経験から言っても、入居するきっかけが性能ではなかったとしても、一度その快適さを味わってしまうと、性能の悪い住まいには住みたくなくなります。多くの人が入居する賃貸住宅の性能が上がることは、住まいに対する社会の認識を変えていくことにもつながるのです。

高性能賃貸アパートの普及により恩恵を受けるのは、居住者だけではありません。アパートのオーナーや金融機関にも大いにメリットがある話です。すでに紹介した通り、2025年から新築される建物の最低限の断熱基準（断熱等級4）が義務化されます。さらに遅くとも30年には、断熱等級5が新たな最低基準になる見込みです。義務化の範囲には、戸建てだけでなく、集合住宅も含まれています。また、24年からは省エネ性能表示が始まります。その流れからすれば、賃貸アパートも断熱性能の高い建物が評価されるようになっていくことは必然です。

アパートのオーナーにとっては、危機でもありビジネスチャンスでもあります。実際、断熱性能の基準や省エネ性能表示が義務づけられている欧州の国々では、物件を探す人たちの多くが住宅の性能をチェックするようになっています。そのためアパートのオーナーは、ビジネスのために建物の性能を上げる努力をしています。日本でも、今後は性能の低いアパートが選ばれなくなっていくはずです。そもそも、欧州よりも人口減少の進んでいる日本では、賃貸アパートの空室が急増しています。入居率を上げ退去率を低下させるには、建物の性能を上げて差別化することが何よりも大切になるのです。

なお、ここで紹介した2つの物件をはじめ、私が取材した高性能アパートの物件のほとんどで、空き部屋は出ていません。パティオ獅子ヶ谷を建てた岩崎さんは、これまで多くの賃貸を管理してきましたが、「木造で3年を超えて一度も退去がないのはいままで経験がありません」と驚いていました。一般的な木造賃貸アパートでは、満室が何年も続くことはないという話を聞いています。こうした実績を積み重ねることが、高性能化に躊躇するオーナーや金融機関の姿勢に影響を与える要素にもなっていくはずです。

金融機関にとっても、高性能住宅や高性能アパートへの融資にはメリットがあります。多くの金融機関は、脱炭素の実現をめざしています。断熱された建物への融資を増やすことは、脱炭素への合理的な選択となります。

また、地域金融機関は地域経済への貢献を掲げています。高性能な建物は、低性能な建物よりも初期投資が高くなるので、地域の工務店などが新築や改修などを手掛ければ地域経済に貢献します。また、建物が高性能だと省エネになり、エネルギーを購入するために地域から出て行くお金を減らすことができます。それが、地域経済の活性化につながります。建物の価値を次世代につなげていく高性能賃貸アパートに融資することは、地域の未来への投資にもなるのです。

空き家であふれる日本

次は、テーマ②中古住宅の断熱リノベーションです。ほぼ無断熱の中古の空き家を改修して、快適に過ごせる住宅にする取り組みです。空き家を価値ある建物として再生することは、日本社会の今後を考える上でも大切です。

日本の空き家は急増しています。空き家とは、1年以上誰も住んでいない家のことです。2018年時点で、全国の空き家率は13・6％、戸数では846万戸になります（総務省、住宅・土地統計調査）。これは、およそ7～8軒に1軒が空き家であることを示しています。

さらに、人口減少と高齢化によって、今後も空き家は増え続けると予測されています。

管理者のいない空き家の増加は、倒壊のリスクや治安の悪化、エリアの経済価値の低下などをもたらします。そこで国は、自治体が解体しやすくする法律を制定しました（15年）。しかし単に解体を増やせば、木材をはじめとする膨大なごみが出ます。ごみの多くは焼却され、CO_2排出量が増えてしまいます。もともと、日本は深刻なごみ問題を抱えています。環境省は、およそ20年後の40年代前半に、日本全国のごみの最終処分場がいっぱいになるとしています。

日本の建築業界は、古くなった建物を壊し、新築を建てて売るというビジネスを続けてきました。しかし、人口減少と円安、輸入原料の高騰といった状況から、すでにこれまで通りのビジネスを続けることができなくなっています。それでも、日本は海外から大量の建材を輸入して、新築の住宅やマンションを建て続けています。この構造は、資源とごみ、エネルギー、経済、脱炭素など、さまざまな観点から見て、持続可能ではありません。空き家をリノベーションして再生することは、資源やお金を地域で循環させ、ごみ問題やエネルギー問題を解消するきっかけづくりになります。しかも、既存の住宅を高性能化することで、高い付加価値を付けられれば、地域の資産にもなります。ここでは、２つの事例を紹介します。

写真12

改修後の「ほくほく」。正面の窓から山が見える　©斎藤健一郎

断熱&エネルギー自給で「ほくほく」に暮らす

1つ目は、山梨県北杜《ほくと》市にある築40年の平屋を改装して、超高性能な建物に再生したエコハウスです。断熱に加えて、エネルギーの自給も実現しています。

この家が建つ丘からは、八ヶ岳と南アルプスの稜線《りょうせん》を眺められます。都内で新聞記者をしている家主の斎藤健一郎さんは、ここの立地を一目で気に入り、休日を過ごす別荘として購入しました（写真12）。都市部でもエネルギーの自給に挑戦してきた斎藤さんは、景色の良いこの場所で自然エネルギー100%の暮らしをしながら、快適に過ごしたいと考えたのです。ところが、住宅はほぼ無断熱で、夏は室温が35℃を超えました。冬は室温が1℃を切り、床を歩く際はつま先立ちになりました。極めつきは、鍋の水が凍りついたことです。

理想とはほど遠い現実を前に決意したのが、断熱改修でした。斎藤さんは言います。

「建て替えたほうが自由度が高くなるのですが、どこにでもあるようなこの空き家をエコハウスにできたら、全国の空き家を活かす可能性が広がると思ったんです」

2017年から始まったこのプロジェクトは、北杜市で心身ともに暖かい家にしたいという願いから、「ほくほく」と名づけられました。改修を依頼したのは、建築士で大工でもある梶原高一さんです。梶原さんは、「工事に使う電力もすべて自然エネルギーの電気でまかなってほしい」という斎藤さんの風変わりなリクエストにも、丁寧に応えていきました。

改修工事が一段落したのは22年のことです。断熱性能には妥協せず、日本でトップレベルの等級7を実現しました。壁は、全部剝がしてやり直した部分と、元の壁を残したまま内断熱や外断熱をした部分とで、断熱材の種類や厚みを変えています。そのため、高性能な木製のトリプルガラスサッシを入れた部分や、元のアルミサッシを残して木製や樹脂の内容を設置した部分が混在することになりました。複数の工法を採り入れた主な理由は予算でしたが、結果的にはエコハウスの見学に来るさまざまな人のニーズに応えられるようになりました。

なお、隙間だらけの中古住宅の改修では、断熱以上に気密を高める工事が難航します。実際、リノベーション前の気密性能は測定不能でした。しかし、梶原さんが徹底的に隙間をふさいだことで、新築のエコハウスの基準に匹敵する数値（C値1・1）が出るほどまでに高まりました。

そして、自然エネルギー100％の暮らしも実現しました。電力は、2・7kWの太陽光発電を設置し、蓄電池にためます。給湯には太陽熱温水器と薪《まき》ボイラーを、暖房には主に薪ストーブを使い、補助として6畳用のエアコンも用意しました。各設備は、36畳の一軒家をまかなうには小さい出力のものばかりです。しかし住宅の断熱気密性能が高いため、それでも十分にまかなうことができています。そのため、予算的にも設備にかかるコストを抑えることができました。

よく「薪ストーブは暖かい」と言われるのですが、断熱されていない住宅であれば、暖かさはストーブ周辺に限定されます。しっかり断熱されていることで、通常より出力が小さくても家全体を暖めることができるのです。このように、設備の性能を引き出せるのが、断熱・気密のメリットのひとつでもあります。

ほくほくをつくる過程はすべて公開され、参加型ワークショップは、4回にわたって開催されました。私も断熱材を壁に入れる作業を体験しています。最終的には、延べ200人以上が改修に関わりました。斎藤さんは、改修の過程で関わってもらった人たちにほくほくを開放し、エコハウスの性能を体験する場として使ってもらっています。ワーケーションやワークショップ、登山基地として活用する人もいて、訪れる人は増える一方です。斎藤さんは言います。

「皆さんは、自分が住んでいる家が『普通の家』と思っているかもしれませんが、国際的にはとんでもなく寒い家です。何千万円もお金がかかるのに、寒さで人が亡くなる家なんておかしいですよね。ほくほくに来れば、できることがたくさんあるとわかるはずです」

2つ目は、長野県軽井沢町《かるいざわまち》で戸建て住宅を改修し、賃貸住宅にした物件です。リゾート地として知られる軽井沢は、冬はマイナス10℃まで気温が下がることがあります。しかし賃貸住宅は夏の別荘として使われることを想定してか、断熱がほとんどされないことが一般的でした。インフラ再生事業の会社で取締役を務める木下史朗さんは、個人のプロジェクトとして、2020年に超高性能の賃貸住宅である「六花荘」を新築します。名前の通り6世帯が入居できますが、募集開始後すぐに満室となり、キャンセル待ちが出るほど人気になりました。

高性能賃貸のニーズがあることを確かめた木下さんが同じく軽井沢で次に手掛けたのが、「作り手たちのアトリエ」です。こちらは新築ではなく、中古住宅を改修して、戸建ての賃貸住宅にしています。木下さんには、当初から空き家をリノベーションして賃貸をつくる構想がありました。「空き家がたくさんあるのに、森を切り開いてどんどん新築を建てるのはどうなのか？」という疑問があったからです。

長野県の空き家率は、全国平均を上回る19・5％（約20万戸）と、ほぼ5軒に1軒にもなります（総務省統計、18年時点）。また、近年の建築資材の高騰が決断を後押ししました。

写真13

改装前のキッチン（作り手たちのアトリエ）　©木下史朗

写真14

改装後のキッチン　©木下史朗

六花荘の建設時よりも価格が大幅に上昇し、新築でつくると家賃を相場よりもかなり高めに設定しなければならなくなったのです。そのため、中古住宅ですでに使われている建材を最大限に利用することが合理的な選択となりました。

木下さんは、築35年の2階建ての戸建てを購入、徹底した改修をほどこしました。無断熱だった天井には５００㎜、床には75㎜の断熱材を入れました。窓はトリプルガラスの樹脂サッシ、玄関ドアも高断熱仕様にしています。断熱等級は６で、気密性能はＣ値０・２

まで性能を高めました。冬の日射取得の計算にも力を入れました。南面に設けた大きな窓から太陽の光が降り注ぐことで、冬は数値以上の暖かさを実現しています。内装は、木材の天井やタイルの床などシンプルなつくりで、居住者がアトリエとして自由に使えるようにしています（写真13、14）。

完成前から入居者が決まり、23年7月から居住が始まりました。木下さんは、改装にかかった費用を、新築と比較しておよそ1000万円削減できたと見積もっています。収益率も、新築で建てた六花荘を上回るとのこと。資源やエネルギーを節約して、ビジネスとしても成り立つ仕組みをつくり、一定の手応えを感じている木下さんですが、同時に自分の力ではどうしようもない課題も感じています。

それは、大工さんの人手不足です。1軒ずつ状態の異なる住宅の改修には、新築よりも高い技術が必要です。しかも熟練した大工さんはどんどん減っています。木下さんは、将来的に改修工事ができる人がいなくなるのではないかという懸念を口にします。

「『リノベの時代』だと言われますが、あと10年もして大工さんがいなくなれば、空き家のポテンシャルを活かすこともできなくなってしまいます。そのためにもいますぐやれることをやっておきたいと思っています」

日本の大工職人は、2000年からの20年間で半減し、高齢化率も他業種より進んでいます。最大の理由は、待遇改善が進まないことです。国は空き家の改修を増やそうとしていますが、実現のためには職人の待遇改善のための施策を早急に整備する必要があります。

なお、空き家の改修に欠かせないのが、ホームインスペクション（住宅診断）です。これは住宅診断士が第三者的な立場から住宅の劣化具合や改修すべき箇所などを見きわめ、アドバイスを行うものです。中古住宅を購入した後で、重大な問題に気づくなどといったことを防止できます。日本では普及していませんが、行政や建築業界は多くの人が中古住宅を安心して購入できるよう、この普及策に力を入れるべきです。

守られない室温基準

本章の最後は、テーマ③学校など公共施設の断熱です。学校の校舎や体育館は無断熱が当たり前で、それがさまざまな問題を引き起こしてきました。「このままではいけない」と感じた人たちが、2019年以降、学校の教室を断熱する取り組みを始めています。

大人が働くオフィスには、室温規定があることをご存じでしょうか。事務所衛生基準規則（厚生労働省）では、約50年前の１９７２年の時点で、「17度以上、28度以下になるように努めなければならない」と定められています（２０２２年に下限を18℃以上に改正）。これは労働安全衛生法に基づいたもので、違反すると罰則が科される可能性があります。

しかし、大人に比べて心身の発達が成長途上である子どもたちが過ごす学校では、一般社会ではあり得ない過酷な環境が放置されてきました。学校にも名目上の規定はあります。文部科学省が定める教室等の温度基準（学校環境衛生基準）では、18年までは「10℃以上、30℃以下であることが望ましい」と定められていました。室温の範囲がかなり幅広く、子どもたちを守る基準にはなっていません。その上、これは努力目標にすぎず、守らなくても罰則はありません。つまり、日本の学校に室温規定はあってないようなものだったのです。そのことが、夏は熱中症、冬は風邪やインフルエンザなどの流行を引き起こし、子どもたちが授業に集中できない要因にもなってきました。

他の国ではどうでしょうか。例えばドイツでは、学校の校舎は一定の断熱がされていることが一般的です。また、全館暖房が当たり前なので、冬の室温が極端に下がることはありません。夏については、ドイツは比較的涼しいので一般的に教室にエアコンは設置されてきませんでした。最近では、気候変動の影響で暑い日が増えていますが、そんなときは休校になります。

ドイツの学校には、１００年以上前からヒッツェフライ（Hitzefrei＝暑さ休み）があります。午前10時の教室の室温が一定の温度に達すると、校長の判断などで休校になるという制度です。温度は州によって異なり、例えばノルトライン・ヴェストファーレン州では、教室の温度が27℃を超えた場合、生徒は家に帰ります。欧州では、「寒さ、暑さは人権問題」と認識されているため、このようなことが珍しくありません。

エアコンとセットで断熱も

２０１８年になってようやく、日本の学校でも室温規定が修正されました。その年の夏は記録的な猛暑となり、児童・生徒の熱中症が相次ぎます。政府は教室へのエアコン設置を急ぎ、公立の小中学校（普通教室）のエアコン設置率は、18年の約60％から、22年の約96％に上昇しました。また同じ18年に、学校環境衛生基準が「17℃以上、28℃以下が望ましい」と改定されます。さらに22年4月には、下限が17℃から18℃に変更されました。下限の変更については、18年にＷＨＯが、「冬の室温として18℃以上」を強く勧告したことが影響しています。

室温基準が改められたとはいえ、拘束力のない努力目標であることに変わりはありません。ＮＰＯ法人School Voice Project（ＳＶＰ）が22年夏に実施した学校の教員を対象としたアンケート（回答１０９名）では、この規定を「明確に知っていた」と答えたのは23％でした。さらにこの基準を「しっかり守れている」と回答した人の割合は、東日本では約30％、西日本では約10％と低いレベルにとどまります。

「基準を守れない理由」として、エアコンの故障や能力不足により、稼働しても適温にならないという機械的な問題や、管理職しか操作できないなどといった運用問題が指摘されました。教室の各所に温度計を設けるなどして、適切なルールのもとで空調を動かしている学校はごく一部です。

また、エアコンの普及も現場に新たな課題を突きつけました。出力の大きいエアコンは、ランニングコストの増大につながります。断熱されていない大空間で空調を動かすと、温度ムラが起こりやすく、かつエネルギーの大部分は建物の隙間から逃げていきます。結果として、コストばかりが上昇し、教室は快適にならないという事態が起きています。

予算がかかりすぎるために「規定の時間や温度に達するまでは、エアコンを使ってはならない」などと、厳しい規則を定める学校や自治体もあります。22年9月には、沖縄の県立高校の生徒がこの稼働基準を変えるよう声を上げ、県の教育庁が基準を削除したことがニュースとなりました。

室温を適切に保ちながらランニングコストを増加させないためには、エアコンの導入だけではまったく不十分です。エアコン導入時に、教室の断熱改修も合わせて行う必要があります。しかし断熱の意義は、社会的にまだ周知されているとは言えず、国や自治体が本腰を入れるまでには至っていません。そんな中、声を上げたのは子どもたち自身でした。子どもたちと地域の大人たちが協力して、教室をＤＩＹで断熱リノベーションするという前代未聞のプロジェクトが、各地で動き始めました。

高校生が始めた教室の断熱改修

断熱改修プロジェクトが立ち上がったのは、スノーリゾートで知られる長野県白馬村《はくばむら》の県立白馬高校です。冬の教室では石油ストーブが使われていますが、ストーブの近くの席は暑すぎて、逆に窓際は寒すぎるという温度ムラの激しい状態でした。高校で環境問題に取り組んでいた手塚慧介さん（当時3年生）ら3人の高校生は、教室を断熱改修すれば暖かくなるだけでなく、省エネも実現できることを知り、２０２０年はじめに学校に断熱改修の提案を行います。

公共施設の改修となると、学校の判断だけでなく、教育委員会の許可も必要です。しかも生徒が主体という取り組みは前例がありません。当時の担任だった浅井勝巳先生は、「当初は、良いことだけどハードルが高すぎるので、生徒たちを傷つけずにどうやって納得してもらうかを考えていました」と苦笑いします。しかし、生徒たちが粘り強く「どうしたら実現できるか」と模索を続ける中、学校側も「何とかして子どもたちの熱意に応えたい」という姿勢に変化していきました。生徒たちへのアンケートでも、ほとんどの生徒が「教室が寒い」「手がかじかんで授業が受けづらい」と感じており、断熱改修が求められていました。

写真15

内窓の木製サッシを組み立てる白馬高校生たち　©高橋真樹

最終的に、学校や教育委員会の許可を得た手塚さんたち3人は、断熱改修の専門家である建築家の竹内昌義教授と直接交渉し、指導してもらう協力を取り付けました。さらに、地元のホテルやスキー場、環境グループなどに呼びかけ、教室1つ分の改修に必要な60万円以上の資金を集めました。

3日間にわたる断熱DIYワークショップが行われたのは、20年9月。主催した3人の高校生の同級生や後輩たちが、入れ替わりで50名ほど参加しました。また、地元の工務店や、環境活動に取り組む大人たちが協力しました。作業では、窓側の壁、廊下側の壁、天井裏にそれぞれ断熱材をカットして設置しました。また、廊下側の窓を断熱性の高いものに入れ替えました。外側に面する窓には、大工さんが準備してくれた木製の建具を組み立てて、内窓としました（写真15）。

プロの大工さんたちが入念に準備してくれたこともあり、高校生たちは「自分たちでもできる」という手応えを感じました。浅井先生は言います。

「同じことを授業の一環でやったら、こんなに大勢の生徒が自主的に参加することはなかったはずです。生徒自身が呼びかけたことが、何よりの学びになったと思います」

断熱改修の効果はどうだったのでしょうか。冬はストーブをつけなくても他の教室より2〜3℃暖かくなりました。また、ストーブをつけた後はすぐに暖かくなり、極端な温度ムラも解消されました。浅井先生は、「夕方も教室が寒くないので、生徒たちの学習意欲も持続しています」と語ります。

温度はもちろんですが、それ以上に生徒たちが喜んだのは、教室の見た目の変化です。木製の壁やサッシに囲まれ、「雰囲気が良くなって嬉しい」という声が上がりました（写真16）。主催した手塚さんは、こう言います。

「断熱改修は楽しいし、暖かいし、見た目もいいと、みんなが実感してくれました。省エネは環境にもいいので、他の学校にも広がればいいですね」

白馬高校ではその後、ワークショップに参加した下級生たちが、「今度は別の教室も断熱したい」とリクエストしたことで、22年以降、部分的に少しずつ断熱改修を進めています。また、21年11月には同じ村内の白馬南小学校でも、小学6年生の子どもたちが参加する断熱DIYワークショップが行われました。

その流れは、手塚さんの言うように白馬村を越えて広がっていきました。白馬高校を参考に、長野県上田市の上田高校で生徒たちが中心となったワークショップを実施（21年12月）。その上田高校のワークショップを視察に来た千葉商科大学の学生グループが、大学として初となる断熱DIYワークショップを行いました（22年8月）。同様の動きは全国に広がり、23年10月現在では30か所近くにもなっています。

写真16

改装後の教室。寒さが大幅に和らいだ　©白馬高校

焼けるような暑さの教室

その中から、夏の暑さ対策に特化した学校断熱の事例も紹介します。さいたま市立芝川小学校の校舎は、教員が「エアコンをつけていても汗だくです」と嘆くほどです。さらにこの数年は、コロナ対策で窓開け換気をするため、外からの湿気も入り、とても授業に集中できる環境ではありませんでした。

何とかしたいと考えた学校関係者が相談したのが、埼玉県内の建築関係者ら20社でつくる「さいたま断熱改修会議」（以下、断熱会議）です。埼玉県の夏の暑さは、全国でもトップレベル。同会議は、断熱や遮熱を通して、暑さ対策と省エネの重要性を訴える活動をボランティアで行ってきました。学校関係者からの相談を受けた断熱会議は、ＰＴＡや学校、市の教育委員会などとも連携し、子どもや保護者を交えた断熱ＤＩＹワークショップを行いました。

断熱会議の顧問を務める東京大学の前真之准教授は、断熱改修する予定の4年1組の教室の温度を、赤外線サーモグラフィーで可視化しました。すると、窓や天井から強烈な熱が伝わっているのが一目瞭然でした（巻頭のカラーページ写真⑩&⑪）。前准教授は、「こんな暑い中で子どもたちに勉強させるなんて」と驚きました。窓枠の金属部分は、触るとやけどするほど熱せられています。また、エアコンをフル稼働させても、子どものいる場所の室温が32℃から36℃に。さらに最上階に位置するこの教室の天井付近は、40℃を超えていました。

ワークショップが行われたのは、2022年8月5日です。工事に必要な材料は、ほとんどが断熱会議の参加企業が無償で提供しました。また、不足する部分はPTAのOBらでつくる「芝川小おやじの会」が中心となり、クラウドファンディングで集めました。

ワークショップ当日は、天井、壁、窓などを、説明を交えながらグループに分かれて断熱していきました。天井裏に断熱材を敷き詰めたり、教室や廊下側の壁に断熱材を入れて上から新しい壁となる杉板を貼り付けたりしました（写真17）。直射日光が入るのは窓です。朝は外に面する東側の窓から、夕方は廊下を挟んだ西側の窓から強烈な日射が差し込んできます。両方の窓には、遮熱のためにアルミを貼り付けたパネルを設置しました。

断熱した教室は、断熱前と比べて6℃以上室温が下がり、エアコンの効きも格段に向上しました（巻頭のカラーページ写真⑬）。夏休み明けの9月に子どもたちに行ったアンケートでは、「授業に集中できるようになった」「こんなに涼しくしてくれてありがとうございました！」という喜びの声があふれました。

写真17

小学校の天井に断熱材を入れる作業を体験する子どもたち

©STEP-image 太田正夫

断熱会議は後日、余った予算を使って、同じ最上階にある4年2組と3組の教室の窓にも、同様の遮熱パネルを設置しました。朝の直射日光を遮るだけでも、2～3℃ほどの温度低下を確認することができました（巻頭のカラーページ写真⑫）。

断熱会議と前准教授は、効果を検証するために教室に機器を設置、計測を続けています。さらに22年冬には、換気の改修も追加で行いました。適温を維持するための障害になっていたのは、窓開け換気です。せっかく断熱しても、窓から熱風や寒気が入って来れば、教室の環境は悪化します。

断熱会議は、換気扇を改造し、教室内のCO_2濃度が一定以上になると稼働し、濃度が下がると止まるデマンド制御の仕組みを導入しました。それにより、窓開け換気は不要となり、適切な換気量を確保しながら、冷暖房の効きを高めました。デマンド制御の装置は、数万円で設置できます。このプロジェクトは、小さな工夫の積み重ねで、温度と空気質の両方を向上させることができることを証明しました。

学校の断熱改修は行政の責務

学校断熱の取り組みには、ただの「一教室の改修」にとどまらない意義があります。1点目は、他の地域に広がる可能性です。断熱の方法を公開することで、他の地域の市民や工務店が実践しやすくなりました。2点目として、多くの人が断熱の効果を体感できることです。事例を行政や地域の人々が見学し、断熱していない教室と比較することで、断熱の重要性を体感することができます。それが、公共施設や住宅の断熱改修を進める議論の土台になります。

しかし大きな課題も抱えています。資金面と継続性です。今回紹介した2つの改修事例も、自治体は協力的だったものの、資金を出したわけではありません。関わった地元工務店は、ほぼボランティアで、準備から改修工事、その後の計測まで行っています。費用についても、生徒や地元住民らが中心となりクラウドファンディングで集めました。その労力や負担を考えると、同じやり方を続けていくわけにはいきません。

今後、継続して学校の断熱改修を行っていくためには、国や自治体が予算を付ける必要があります。ただ、現在はどの自治体も財政が厳しいため、「断熱のための費用を光熱費の削減分で回収できるか?」という点が議論になってきます。その点では、学校には高いハードルがあります。一般の住宅や他の公共施設とは異なり、学校は夏や冬に長期の休みがあり、また、基本的に夜間は使用しません。単純な利用率や光熱費だけで計算すると、回収までに数十年の時間がかかり、費用対効果が低いと判断されてしまうのです。

しかし私は、学校については住宅とは異なり、光熱費の費用対効果だけで判断するものではないと考えます。将来を担う子どもたちが毎日過ごす学び舎《まなや》が、耐えられないほどの暑さや寒さのまま放置されている現状は、行政が提供すべき最低限度の人権が守られていないことを意味しています。実際、２００９年に断熱改修がされた愛媛県の小学校では、夏も冬も室温が改善し、授業中に体調不良を訴える生徒が減り、授業への集中力も高まったという報告がされています。さらに、学校は災害時の避難所としても使われます。その意味からも、学校の環境を改善することは、行政が担うべき当然の責務なのです。

一部では、学校をはじめとする公共施設の断熱改修に着手したり、議論を進める自治体も出てきています。仙台市は、全国で学校の断熱改修を指導してきた竹内昌義教授が代表を務める「エネルギーまちづくり社」と共同で、公立小学校の３教室を実験的に断熱改修しました（20年夏）。これは自治体の予算で行われたものです。各教室は断熱レベルを変えて改修し、断熱改修していないもう１つの教室と合わせて４教室で温度や湿度などを計測しながら、適正な断熱レベルとコストのバランスを見極めています。

長野県では、白馬高校のワークショップをきっかけに、県内の学校で断熱改修に関心が集まりました。それを受けて、県は学校断熱の資金の一部を予算化することに決めます。22年度、23年度ともに総額４００万円で、22年度は６校がその予算を分けて断熱ＤＩＹワークショップを行いました。23年度の冬には、４校で開催されることになっています。

写真18

学校の断熱改修を求める署名を受け取る永岡桂子文部科学大臣（当時、右から2人目）　©Change.org

　また、全国の自治体職員も多く参加する全国組織「NPO法人自治経営」では、公共施設を担当する部門の職員が中心となって、岡山県津山市や鳥取県米子《よなご》市などで学校の断熱改修を実施しました。その経験を他の自治体に伝えるワークショップ支援やマニュアルづくりも行っています。

　23年3月には、神奈川県藤沢市の小学校で、地元の有志と自治体の公共施設管理部門が中心となり、断熱DIYワークショップが行われました。そのプロジェクトの成果を受けて、藤沢市では24年4月以降に新たに学校を新築したり大規模改修したりする際には、一定の断熱基準以上[*3]の建物にすることを定めました。

　こうした動きに関わる団体や保護者らの呼びかけで、23年夏には、国に学校の断熱改修を求めるオンライン署名が行われ、2万7000筆以上が集まりました。署名は8月29日に文部科学大臣に手渡され、学校の暑さの危険性や断熱改修の必要性について意見交換を行いました（写真18）。現在、学校の断熱に自治体が予算をつけるケースは、ここで紹介した仙台市や長野県など、一部にとどまっています。文部科学省は、現状でも自治体が断熱改修に使える予算枠はあるとの立場を取っていますが、自治体が学校にかけられる予算は限られるため、断熱よりも耐震やトイレの改修などに優先的に使われています。全国の学校の断熱改修を前に進めるには、エアコンを設置したときのように国が主導権を取って統一した基準を示し、予算を確保する必要があります。東京大学の前真之准教授は、「国が責任を持って全国の学校の断熱改修を進めるべき」と訴えます。「子どもたちが毎日使う学校を、健康で快適に勉強できる環境にするのは大人の責任です。断熱も換気も技術的にはまったく難しくありません。やらない理由はないはずです」。

第5章　断熱は持続可能なまちづくりのカギ

脱炭素は世界の常識

最後の第5章では、建物単体の断熱の話を越えて、国や地域レベルのマクロな動きに焦点を当てます。建物の断熱を強化することは、気候変動をはじめとする環境問題や、日本のエネルギー問題を改善する切り札としても、ますます重要となってきています。国や自治体はどのような政策を取ればよいのかについて、実践事例を交えて考えます。

まずは「脱炭素」と「エネルギー安全保障」という2つのキーワードから、断熱がなぜ地球規模の問題や日本社会の課題解決に有効かについてお伝えします。国際的に脱炭素が急務となっている背景には、年々激しさを増す気候変動の猛威があります。２０２３年夏は、世界各地で異常な猛暑となりました。EUの気象情報機関は、23年6月から8月の世界の平均気温が、観測史上最高を記録しただけでなく過去12万年をさかのぼって「人類の歴史上、最も高い気温」になったと発表しています。日本でも、9月半ばになっても各地で35℃を記録しています。これを受けて、国連のグテーレス事務総長は「地球温暖化の時代は終わり、地球沸騰化の時代が来た」と警告。各国により強力な対策を取るよう促しました。

22年には、パキスタンで豪雨による大洪水のため国土の3分の1が水没、欧州では過去500年間で最悪の旱魃《かんばつ》が起きました。23年8月には、ハワイのマウイ島で猛烈な山火事が発生し、古都ラハイナの街を焼き尽くしました。このように、大規模な森林火災、集中豪雨と旱魃、生物多様性の消失、サンゴ礁の白化、気候難民の急増などが連鎖的に発生し、状況はさらに悪化しています。ロシアによるウクライナへの軍事侵攻により、国際的に食糧をはじめとするさまざまな物価の高騰が話題になっていますが、実はこうした気候変動の影響によっても、物資の不足や高騰は加速しているのです。

日本では、異常気象と気候変動の関係について、マスメディアで報道されることが極端に少ないこともあり、世論の関心が高まっていません。食品ロス問題に取り組むジャーナリストの井出留美さんが、23年の夏にデータベースを使って検索したところ、「猛暑」と「気候変動」を関連づけて報道しているケースは、日本では4％しかないことがわかりました[*1]（23年8月1～20日）。

しかし、国際的には関心を持つことが当たり前になっています。なぜなら気候変動が、自分たちの経済や暮らしの問題に直結するからです。世界の政財界のリーダーが集まる世界経済フォーラム（ダボス会議）では、毎年、世界の経済や社会に対するリスクを分析するリポートが公表されています。23年版では今後10年間の最大のリスクとして、「気候変動の緩和策の失敗」が挙げられました。かつて日本の経済界では、「環境のことなど配慮していたらメシが食えない」などと言われてきました。しかし、このまま気候変動が悪化の一途をたどれば、経済活動そのものが成り立たないことが明らかになっています。人類に残された時間は、ほとんどありません。２０１５年の「パリ協定」では、世界の平均気温の上昇を、産業革命前に比べて１・５℃以内に抑えるよう努力すると定められました。しかし、国連のＩＰＣＣ（気候変動に関する政府間パネル）による第6次評価報告書（23年3月）で、すでに２０２０年までの10年間平均で１・１℃に達していると報告されました。このまま温室効果ガス排出が続けば、短期のうちに世界の平均気温の上昇は１・５℃に達します。そのため「この10年間に行う選択や実施する対策は、数千年先まで影響を持つ」と警鐘が鳴らされています。１・５℃を超えていない現在でもこれほどの被害が出ているのに、１・５℃を超えてしまえばその被害は計り知れません。そのため各国政府や国際的な大企業の多くが、脱炭素に真剣に取り組むようになっているのです。

脱炭素のカギを握る既存住宅

国際的な動きを受けて、日本政府も2050年に脱炭素を実現すると宣言しました(2020年)。また、30年には温室効果ガスを46%削減(13年比)するという目標を掲げました。この宣言をきっかけに、政府、自治体、そして企業は、脱炭素に向けて動き出しています。その姿勢については評価できますが、具体的な政策や企業の取り組みが伴っていないケースが散見されています。また、日本では「脱炭素」がいとも簡単に実現できるかのようなイメージで語られることがありますが、実際にはとんでもなく険しい道のりです。

温室効果ガス排出量の3割を占めるのは、家庭・業務部門です。政府は、排出される温室効果ガスの削減率として、オフィスなど業務その他部門で50%減、家庭部門で66%減を掲げています。あと数年に迫った30年までに、新築だけでなく既存住宅を含めて温室効果ガスの排出を3分の2減らすというのは、容易なことではありません。もちろん、「ノーネクタイ」や「エアコン28℃設定」といった従来からある形ばかりの「温暖化対策」では、何の役にも立ちません。

この分野で、いますぐに全力で取り組む必要があるのは、建物の断熱と太陽光発電の設置、そして高効率機器の導入です。それにより、建物で使用するエネルギーをほぼゼロに近づけることが可能になります。中でも、もっともカギになるのが本書で紹介してきた建物の断熱による徹底的な省エネです。なぜなら、日本はこの分野で世界的に大きく遅れているからです。ポジティブな言い方をすれば、いままでやっていなかった分「伸びしろ」があるということになりますが、このままのペースでは2050年の脱炭素実現にはまったく間に合いません。

具体的に求められる政策については、新築と既存住宅に分けて考えます。まずは新築についてです。これから建てる住宅や建築物は、数十年にわたり使い続けるものです。2030年はもちろん、脱炭素の実現をめざす2050年以降も使うことを考えれば、限りなくエネルギー消費を抑える断熱性能にする必要があります。その上で、どうしても使う必要のあるエネルギーを太陽光発電でまかなうのが合理的です。第1章で紹介したように、断熱等級4を上回るレベルの住宅は、日本全体で約13%しかありません（19年時点）。また、太陽光発電を利用している世帯は、全体で約6・3%にとどまっています（環境省による21年度の調査）。

　そのため、国土交通省は、2030年には新築の建物は最低でもZEHレベル（断熱等級5）以上の断熱性能と、新築住宅の6割に太陽光発電が設置されることをめざすとしています。新築住宅に関して、2030年に断熱等級5を義務化する方針で検討が重ねられているのはそのためです。しかしすでに述べたように、ZEHレベルで全館冷暖房をすると、かえってエネルギー消費量は増えてしまいます。ZEHは、健康的な生活には貢献しても、省エネや脱炭素という分野ではマイナスになる可能性があるのです。

　そのため、繰り返しになりますが、これからは最低でも断熱等級6以上、かつ国の基準で設けられていない気密性能はC値1・0以下が必須と言えます。国側も、今後さらなる義務化レベルの向上と普及策に力を入れる必要があります。脱炭素をめざすにはまだ不十分とはいえ、25年の断熱等級4の義務化を目前にして、建築業界では高性能住宅を建てるのが当たり前という流れができつつあります。そのため、新築に関してはある程度のめどが立ってきたと言えるでしょう。

より重要でかつ難しいのは、既存住宅の断熱改修です。新築住宅の着工戸数は、21年、22年ともに約86万戸です。仮にそのほとんどが断熱等級6以上で建てられたとしても、年間で新たに増える比率は、約6240万戸（18年時点）ある既存住宅の約1・3％にすぎません。そしてこのペースで増え続けた場合、すべての建物が置き換わるまでには70年ほどかかります。もちろん、2050年の脱炭素の実現にはまったく間に合いません。さらに、今後は少子化や経済的な問題、建築資材の高騰や職人の人手不足などが重なって、新築の棟数は減少すると予測されています。そのため、脱炭素を実現するためには、できる限り早く、しかもできるだけ高いレベルで、既存住宅の断熱改修を進める必要があるのです。

消えてなくなるお金か、未来への投資か

既存住宅の改修について、国は2023年から省エネ改修のための補助金を出しています。内訳は、窓断熱、断熱リフォーム、高効率設備などで、合わせると3000億円規模になります。窓事業単体で見ても1000億円で、前年の補助金額100億円と比べると

10倍に増えました。また、1件ごとの補助の割合もこれまでより高く設定されています。この決定は、既存住宅のレベル向上に一定の役割を果たすことになりそうです。

補助金の原資は税金なので、たくさん出せばよいというわけではありません。本質的には、補助金がなくてもうまく回る仕組みにしないと、持続可能ではありません。しかし同じ補助金でも、何に使われるかで未来への影響は大きく変わります。例えば23年10月現在、ガソリンには巨額の補助金が使われています。これは国際価格の高騰に加え、円相場の下落などにより、ガソリンの販売価格が大幅に上がったためです。22年1月から23年9月までに使われた補助金は6・2兆円にのぼります。さらに政府は、10月以降も補助金を延長することを決めています。このままガソリン価格の高騰が続けば、額はうなぎのぼりに増えていきます。

この補助により、経営危機に陥らずに済んでいる事業者が多いことは確かです。しかし、このお金は一時しのぎのためでしかなく、将来への投資にはなりません。むしろ将来世代の借金として積み上がっていきます。このようなお金の使い方を続けていてよいのでしょうか。

省エネ改修への補助金は、それとは性質が異なります。現在のランニングコストを減らせるだけでなく、燃料の輸入量を減らすための、未来への投資となるのです。

省エネ改修の補助金には、以前と比べれば画期的と言える３０００億円規模（窓事業では１０００億円）が出ています。対して、ガソリン補助金は23年9月段階で６・２兆円と、省エネ改修の20倍以上（窓事業の62倍）の金額となっています。限られた税金を、消えてなくなるお金に使うのか、未来への投資に使うのかについては、もっと精査されるべきではないでしょうか。

エネルギー安全保障と100％自然エネルギー

省エネ改修を国や自治体が率先してやるべき理由は、脱炭素のためだけではありません。国家経済や社会の安定につながる、エネルギー安全保障の確保のためでもあります。欧州各国では、建物の断熱改修に多額の補助金を出したり、税控除の対象としたりしてきました。例えばドイツは、２０２２年に建物の省エネ化のための補助金として、１４０億ユーロ（約2兆円）を拠出しています。背景には、エネルギー自給率を高め、安全保障を確保

図12　新築建物の暖房に必要なエネルギー量の最低基準の推移（ドイツ）

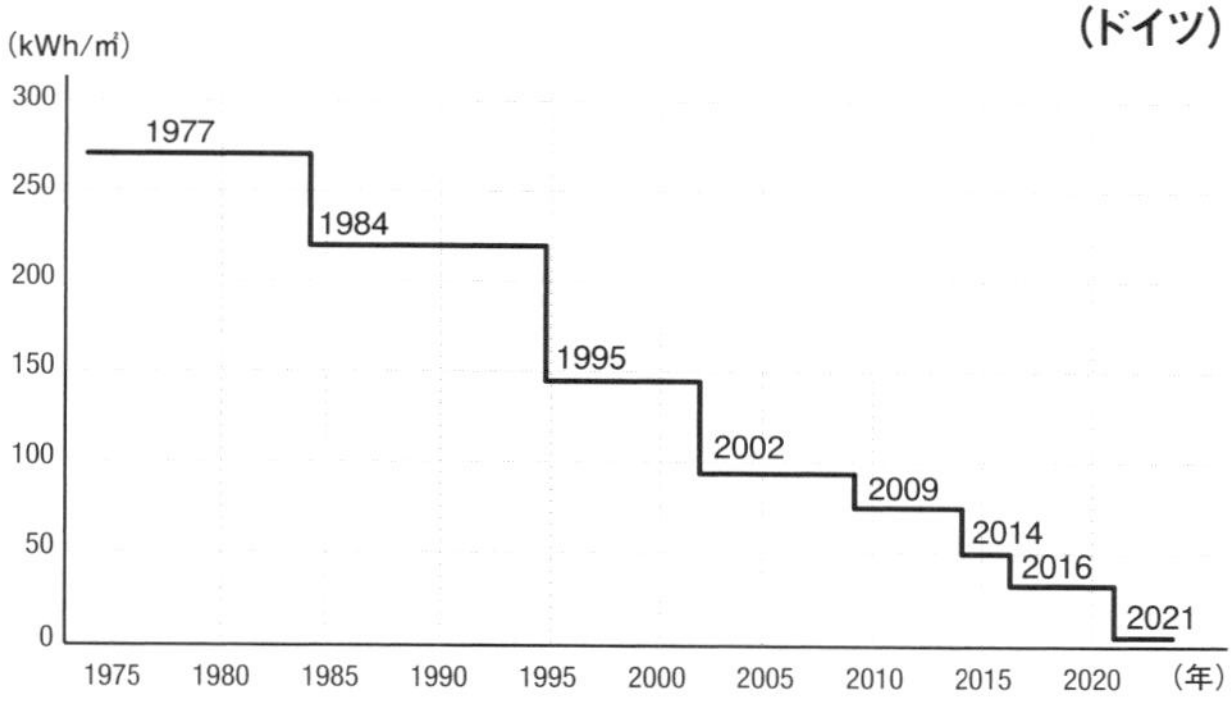

ドイツの断熱政令、省エネ政令より村上敦氏作成

する狙いがあります。

ロシアがウクライナに軍事侵攻したことは、世界各国を驚かせましたが、一方でＥＵ内では「いつかはこんなことになるのではないか」と考えていた人たちもいます。私も戦争が始まる何年も前に、ドイツで省エネ建築に携わる人たちから、「ロシアからの天然ガス供給が止まっても、建物を断熱していれば被害が少なくて済む」という声を聞いたことがあります。

ドイツでは、建築物のエネルギー性能の基準が、段階的に厳しくされてきました。図12は、ドイツで住宅を新築する際に、建物の断熱性能の義務化基準が設けられていることで、使用する暖房エネルギーが減少していることを示したものです。[*2] 当初はゆるやかですが、1995年と2002年の引き下げでは、大幅に厳しくなっています。現在では、規制が始まったときに比べて、建物の暖房に使うエネルギーが10分の1以下に抑えられています。ロシアからの天然ガス供給が止まっても、こうした建物の断熱化に取り組んできたことで、社会の混乱を最小限に抑えられたとも言えます。建物の断熱化は国の安全保障にも貢献するのです。

一次エネルギーの自給率が12％程度しかない日本は、毎年数十兆円をサウジアラビアやオーストラリアなどの資源大国に払い続けてきました。そして化石燃料の国際価格が上がるたびに翻弄されてきました。エネルギー安全保障の確保は、日本社会にとっても死活問題です。にもかかわらず、自給率の向上に向けて取り組んで来なかったツケを、私たちは払わされています。

そんな中、いま日本には、11年に起きた東日本大震災以来、電源をどう確保するかという課題が再び突きつけられています。政府は22年末に、原発の新設も含め、既存の原発を最大限活用する方針を打ち出しました。しかし、電力をどのようにまかなうか議論する際、日本では完全に抜け落ちている観点があります。それが省エネです。

国際社会は、脱炭素のために自然エネルギーを主力電源とする方針を打ち出しています。日本でも政府の方針（エネルギー基本計画）はそう謳っているのですが、23年現在の発電電力量のうち、自然エネルギーの割合は20％程度なので、多くの人は一足飛びに１００％にするのは難しいと考えています。そこで、原子力の活用という話が出てきているのです。しかし、建物の断熱を強化すれば、住宅分野の消費エネルギーを30％や40％減らすことはそれほど難しくありません。また、屋根の上に太陽光発電を設置した上で高効率機器を導入すれば、ほぼゼロにすることも可能です。

一般的に、電源をどうするかという議論では、現在消費している電力を１００％として、どうしたらその分をまかなえるかという話になりがちです。確かに現在の消費電力を前提にすれば、すべてを自然エネルギーでまかなうのは無理があります。しかし、効果的な省エネにより、消費電力を現在の50％程度に削減できれば、自然エネルギーで発電する割合が50％でも、全体で１００％をまかなえるようになるのです。

実際、欧州各国は自然エネルギー１００％の社会を本気でめざし、すでに50％以上をまかなう国も多数出てきています。そして、これらの国々は自然エネルギーへの切り替えだけでなく、省エネを推進するために、さまざまな政策を実施してきました。これに関しては、反論する人もいます。例えば「欧州は他の国と電力をやりとりする連系線がつながっているから、日本とは比較できない」という意見です。しかし、ポルトガルやスペイン、アイルランドといった国々では、連系線が豊富ではありませんが、自然エネルギー比率は40%を超えています。日本だけできないという理由はありません[*3]。

化石燃料は、電源だけでなく車のガソリンとしても使われています。それについてはEV（電気自動車）が普及し、自宅や会社の太陽光発電から充電できるようになれば、まかなえるようになります。電源と車の燃料を自然エネルギーで自給できれば、化石燃料が高騰しても国民生活への影響は最小限で済みます。これまで日本社会では、電源の話ばかりが重視され、省エネの持つポテンシャルが軽視されてきました。しかし、断熱を中心とした省エネには、社会のあり方を根本的に変える力があるのです。

なお、原子力発電の評価については、日本でも世界でも議論が分かれています。ここでは深く立ち入りませんが、新規の安全性を重視した原子力発電所の建設には、膨大な費用と時間がかかることが明らかになっています。そのため、脱炭素の期限に間に合わないことや社会のコスト負担が大きすぎるといった課題が指摘されています。実際、世界全体の原子力発電の設備容量は、１９９０年代から現在までほとんど増えていません。そのような点からも、国際的には主要な電源になるとは考えにくい状況です。

自治体が断熱に取り組む意義

国として、なぜ住宅の断熱化を推進する必要性があるかについて、国民の生活に直結する脱炭素やエネルギー安全保障といった視点から考えました。しかし日本では、国レベルの政策は十分とは言えません。最大の壁は、日本の政策が「バックキャスティング」でつくられていないことにあります。バックキャスティングとは、最初に目標とする未来像を明確にした上で、それを実現するための道筋をつくることです。また、期限を細かく区切って検証し、達成できない場合は政策を修正していく必要があります。すでに述べたように、日本政府は、２０３０年に温室効果ガスを46％削減、50年に脱炭素という目標を掲げてはいます。しかし目標達成までの道筋は曖昧で、政策の検証も十分にはされていません。このままでは、期限を迎えて「達成できませんでした」となる懸念もあります。

そんな中で、自治体レベルでは先進的な取り組みも生まれています。自治体が、断熱を進めることで得られるメリットはたくさんありますが、ここでは3つの効果を紹介します。地域内の経済循環、健康寿命の延伸、そしてごみ問題です。

もっとも大きな効果は、地域内の経済循環の効果です。多くの自治体で生活や事業のためのエネルギーは、ほとんどが地域外から購入されています。また、建物の断熱性能が悪いことで、多くのエネルギーが漏れ出しています。それによって、地域で得たお金が地域外に大量に流出してしまっていました。新築、改修を問わず、住宅を高いレベルで断熱していけば、光熱費として外部に流れていたお金の流れを変えることができます。それは、地域住民が自由に使える所得が増えるのと同じ効果をもたらします。また、断熱工事は特殊な技術ではないため、地域の工務店が行えます。高性能な家は、新築にせよ改修にせよ初期投資額が増えるので、工務店の収益も増えます。光熱費として出て行っていたお金が、地域内で循環するようになります。

2点目は、住民の健康寿命を延ばす効果です。それは、高齢化により高騰し続けている医療費や介護費といった社会保障費の抑制にもつながります。

図13　鳥取県「NE-ST」の性能および補助額

区分	国の省エネ基準	ZEH（ゼッチ）	とっとり健康省エネ住宅性能基準		
			T-G1	T-G2	T-G3
基準の説明	2025年義務化基準	2030年義務化基準	冷暖房費を抑えるために必要な**最低限レベル**	経済的で快適に生活できる**推奨レベル**	優れた快適性を有する**最高レベル**
断熱性能 UA値	0.87	0.60	0.48	0.34	0.23
気密性能 C値	—	—	1.0	1.0	1.0
冷暖房費削減率	0%	約10%削減	約30%削減	約50%削減	約70%削減
最大補助額（ZEHではない場合）	—	—	60万円（10万円）	80万円（30万円）	100万円（50万円）

©鳥取県住宅政策課

　3点目は、廃棄物を減らせる効果です。全国の自治体は、廃棄物の処分場や費用をめぐって、頭を悩ませています。高性能な新築住宅が増えれば、耐用年数が延び、廃棄される住宅が減ります。また、既存住宅を断熱改修できれば、解体せずに済みます。

　このように、自治体が断熱に力を入れることは、地域の未来のための投資になるのです。50年後、100年後を見据えて、脱炭素と持続可能なまちづくりに挑む2つの自治体の取り組みを、住宅政策を中心に紹介します。

鳥取県の独自基準「NE-ST《ネスト》」

　1つ目は鳥取県です。人口約54万人の鳥取県では、2020年に国の省エネ基準（断熱等級4）をはるかに上回る独自の基準を設定し、さまざまな普及策を進めています。

県がこの新しい基準を定めた背景には、住居内でのヒートショックが原因と推測される死亡者数の増加があります。一般的に「温暖」とされる地域は、断熱への意識が高いとは言えません。第1章で紹介した冬季の死亡増加率は、鳥取県は19%と、北海道の10%を大きく上回っていました（14年）。病気になれば収入が減少し、医療費や介護費用が増加します。健康寿命が短くなることで、家族の生活にも大きな影響を与えます。

こうした事実を知った鳥取県は、新築住宅に関して県独自の断熱基準を設け、基準を満たす住宅を「とっとり健康省エネ住宅（NE-ST）」として認定し、性能のレベルや太陽光発電の設置状況に応じて、10万円から最大100万円の補助金を出すことを定めました。NE-STはT-G1からT-G3までの3段階に分かれています（「T」は「とっとり」の頭文字）。

各基準は、22年10月に新設された国の新しい断熱等級に当てはめると、T-G1が等級6、T-G2が等級6と7の中間、T-G3が等級7を超える性能に相当しています。さらに気密性能にも基準があり、高性能住宅の基準とされるC値1・0以下が条件とされました（図13）。

冷暖房費削減率は、国の省エネ基準（等級4）を0とすると、もっとも低い基準T-G1でも約30％、T-G2では約50％、T-G3では約70％と試算されています。鳥取県は、断熱レベルを上げるために追加でかかる費用については、光熱費の削減により15年程度で回収できるとしています（T-G2の場合）。

鳥取県が定めた基準が、ZEH（断熱等級5）を上回るレベルに設定されていることや、国の基準では省かれてしまった気密性能も条件になっていることなどが、専門家から高い評価を受けています。

基準を設けて補助金を出しても、実際に高い性能の住宅を施工できる事業者が少なければ、高性能住宅は広がりません。そこで県は、地域で設計、施工を行う工務店の育成に力を入れました。基準が策定された直後には、県の説明会に集まった事業者のおよそ4割が「省エネ計算を行っていない」と回答しています。しかし、県の技術研修を通して、参加したすべての事業者が高性能住宅を建てられるようになりました。

県は、県民への普及のため、性能の差を体感できる「体感ハウス」も建設しました。体感ハウスには、3畳程度の部屋が2つ設けられています。1つは国の基準（断熱等級4）の部屋、もう1つはNE-STのT-G2の基準（断熱等級6・5相当）の部屋です。23年の冬にこのハウスを体感できるイベントを実施したところ、予約が殺到するほどの人気になりました。体感した子どもたちは、「足元が暖かい、NE-STのほうがいい！」と口にしました。

鳥取県庁住宅政策課の槙原章二さんは、基準が策定される以前の人々の断熱についての認識について語ります。

「行政は国の基準（等級4）であれば高断熱であると漠然と認識していました。施主は断熱性能の違いや効果がわかりません。工務店の言うままを信じるしかないので、場合によっては、『最高等級である等級4までは必要ない』と言われ、コスト削減のために性能を落とす選択もしていたほどです」

そうした認識が、NE-STが登場したことで大きく変わりました。NE-STレベルの高性能な木造住宅（新築）の割合は、制度を開始した20年度の14%から、2年間で30%へと、2倍以上に増加しました。[*4] NE-STで建てた住宅の太陽光発電の導入割合も6割に達しています（22年度から23年度にかけて）。制度開始から3年が経つ現在では、施主のほうから工務店に「NE-STを建てられますか？」という問い合わせが届くようになり、それをきっかけに県の研修を受けて登録する事業者も出てきました。

補助金を受けるための条件は、県の技術研修を受講して登録された事業者が施工することです。現在、県内で戸建て住宅を建設する工務店の約8割が登録しており、県内に本店を置く登録事業者が設計・施工することを要件として助成することで、地域経済の活性化にもつながっています。

補助金が交付されたのは、23年7月までに442件、補助金額は累計で約9000万円です。その9割以上が県独自の財源によります。県としては、他の補助金に比べて金額がそれほど高くないこともあり、普及のための費用対効果は高いと見ています。

既存住宅や賃貸集合住宅の断熱化も

新築住宅だけではありません。鳥取県では、既存住宅を含む県内のすべての住宅で、2050年までに最低でも断熱性能を等級4に、可能であれば等級5にしていくことを目標

図14　中古住宅流通シェアの国際比較

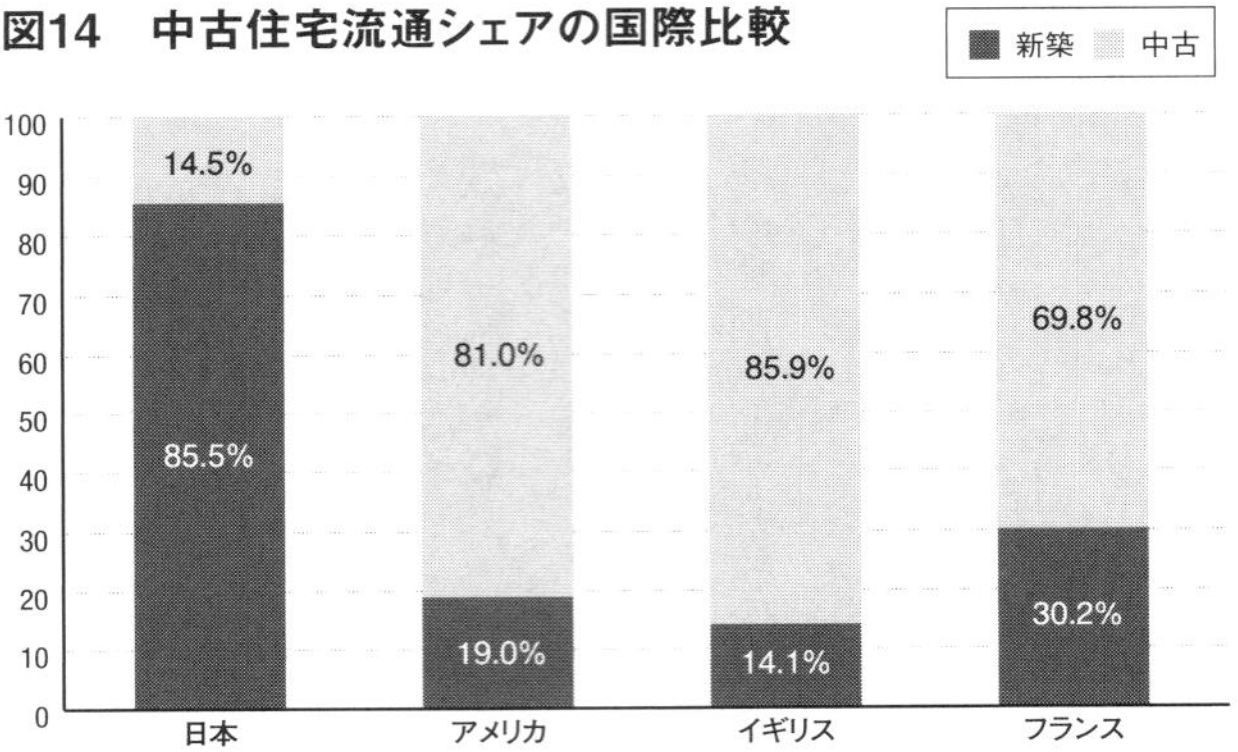

日本は中古住宅の取引が極端に少ない。国土交通省「既存住宅の流通シェアの国際比較（2018年）」より作成

にしています。

既存住宅の改修のためには、再生を意味する「Re」を加えた「Re NE-ST」という基準を設定。基準を満たす改修工事を行う住宅に助成をしています。基準は3段階で、①家全体をT-G1（等級6）のレベルに改修する「全面改修」、②居室や浴室、トイレ、寝室などの生活空間に限定してT-G1のレベルに改修する「ゾーン改修」、③窓や天井、床などの熱が逃げやすい箇所を中心に国の省エネ基準（等級4）まで改修する「国省エネ基準改修」です。「Re NE-ST」でも、レベルに応じて最大50万円から150万円の補助金を出しています。

次に賃貸集合住宅です。賃貸集合住宅では、

図15　住宅耐用年数の新しい指針

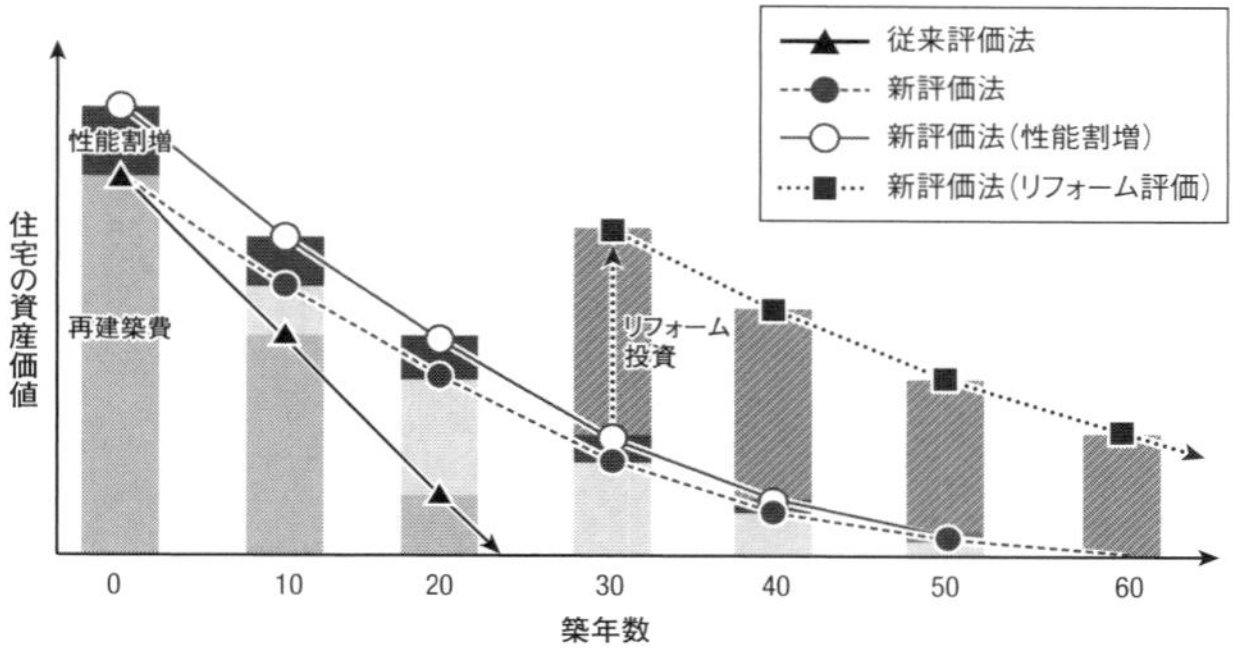

高性能な住宅の資産価値を評価する鳥取県の新基準（2024年度より実施予定）

新築と改修どちらも対象として、1戸あたり10万円から50万円までの補助金を出しています。県は、国の省エネ基準の賃貸集合住宅をT-G1レベルの性能に引き上げるためには、1戸あたりの工事費が約19万円増えると試算しました。一方で、断熱工事により、光熱費は1戸あたり年間で約1万円削減することができます。20年単位で見れば、工事にかかった19万円は回収できることになります。そこで、工事にかかった費用を家賃に上乗せしても、光熱費と合計すれば居住者が支払う費用は変わらないことになり、オーナーにとっての事業利回りが変わらないことを伝えています。オーナーにとっては、補助金も含めれば得になります。

23年11月現在は、1軒の賃貸集合住宅がNE-S

Tの仕様で建設中です。

さらに鳥取県では、木造住宅の価値が、建設から22年経つと状態を問わず一律にゼロになるという現在の住宅市場を変えていくことにも挑戦しようとしています。

日本の住宅の平均寿命（滅失住宅の築後年数）は、38・2年（国土交通省による13年から18年の調査）とされています。これは、取り壊された住宅のみを対象にした調査なので、実際にはもう少し長くなると推測されています。[*5] それでも、同様の方法で計算されたイギリス（80・6年）やアメリカ（66・6年）などと比べると、非常に短いことがわかります。日本は住宅を使い捨てにして、個人の資産価値を下げている国なのです。それに伴って、住宅の流通シェアにおける中古住宅の割合は、他国に比べて著しく低くなっています（図14。日本は14・5％）。

現在、鳥取県で検討されている住宅を評価する新しい指針では、屋根や外壁などの仕様に合わせて評価したり、各部位のリフォーム状況に合わせて目標使用年数を延長するよう評価し直したりすることが盛り込まれています。そして、施工と同じように県の研修を受け認定された不動産事業者が、その基準をもとに査定するという仕組みです（図15）。そうすることで、高性能住宅の資産価値が適正に評価され、これまで機能不全に陥っていた中古住宅の流通も活発になる可能性があります。この仕組みは、24年度から始められる予定です。

こうした画期的な政策は、人口が少ない地方だからできると思われるかもしれません。もちろん大都市では、住宅や工務店の数が圧倒的に多いため、鳥取県と同じようには進みません。それでも、神奈川県横浜市（人口377万人）では、鳥取県のNE-STと同じような仕組みをつくり、高性能住宅を増やそうとしています。横浜市は、23年に複数の工務店や住宅メーカーなどと「コンソーシアム（共同事業体）」を設立、そこに参加する「エネルギーまちづくり社」が、希望する工務店に技術講習を実施することになりました。また、断熱等級6以上の住宅への住み替えに対して一定の補助金を出しています。今後は、鳥取県のように登録事業者が補助金を使えるようにするルール作りも検討しています（2023年度現在）。こうした例は、自治体の規模や特徴に合わせて創意工夫すれば、どの自治体でもできるということを証明しています。

脱炭素に挑むニセコ町《ちょう》

次に紹介するのは、国内外から観光客が訪れるスノーリゾートの北海道ニセコ町（人口約5000人）です。ここでは、脱炭素と持続可能な町をめざした取り組みが、官民の連携で進められています。

ニセコ町では、2020年に政府が脱炭素の宣言をする前から、脱炭素のまちづくりを積極的に行っています。まず国の「環境モデル都市」に認定されたことを受けて、「第一次環境モデル都市アクションプラン」を策定しました（14年）。これは、「50年にCO_2排出量の86%を削減（1990年度比）」を目標とする内容です。人口5000人の小さな自治体が、こうした本格的な脱炭素の計画を立ち上げたこと自体、当時の日本では極めて異例なことでした。しかし観光地という特徴もあり、計画は思うように進みません。ニセコ町の観光客数は、2013年の約157万人から、19年の約175万人まで増加。計画策定後のCO_2排出量はむしろ増えてしまったのです。

そこで、19年に町は計画を抜本的に見直します。専門機関である一般社団法人クラブヴォーバンのコンサルティングを受けて、第二次アクションプランを策定しました。クラブヴォーバンは、世界的な環境都市として知られるドイツ・フライブルク市の「ヴォーバン住宅地」を模範として、日本国内での持続可能なまちづくりをめざす専門家が集うコンサルティング組織です。代表はドイツ在住の環境ジャーナリストである村上敦さんが務めています。

クラブヴォーバンは、15年に小規模自治体を対象とした「持続可能な発展をめざす自治体会議（通称：持続会）」を設立。相互視察や勉強会などを通して、情報や経験を共有してきました。参加自治体はニセコ町のほか、北海道下川町《しもかわちょう》、岩手県二戸《にのへ》市など、8自治体になっています（23年8月現在）。ニセコ町では、こうした経緯からアクションプランや持続可能なまちづくりの検討をクラブヴォーバンと進めてきたのです。

新しいアクションプランの策定にあたっては、第一次アクションプランの評価から行いました。第一次では、できる部分から個別に進めてきましたが、必ずしもトータルで効果的な取り組みにはつながっていませんでした。クラブヴォーバンの協力のもとにつくられた第二次アクションプランでは、エネルギーや交通、住宅、高齢化対策や防災といった異

方針を定めました。

写真19

ニセコ町の新庁舎。100年使うことを前提に建てられている
©水本俊也

なる分野をつなぎ、総合的に取り組む方針を採用しました。
ニセコ町は冬の気温がマイナス20℃まで下がることもある地域です。しかも雪が多く、太陽光発電をはじめとする自然エネルギーの適地がほとんどありません。そんな中、もっとも力を入れているのが建物の断熱性の強化です。新築や改修をする予定の公共施設は、徹底した断熱をしてエネルギーを大きく削減することにしました。設備や機器には省エネ効率が高いものを採用、必要なエネルギーを小さな自然エネルギー設備の導入でまかなう

100年使える超省エネ町役場

その方針のもとに2021年3月に完成したのが、ニセコ町役場の新庁舎です（写真19）。熱が出入りする窓には、トリプルガラスの木製サッシを採用。屋根や壁には200㎜を超える断熱材を入れました。断熱性能を示すUA値は0・18W／㎡・Kと、全国の庁舎でも最高水準です。それにより、厳寒のニセコ町でも、エネルギー消費量は極めて少なく、かつ快適に過ごせるようになりました。エネルギー価格が高騰する中、公共施設のランニングコストを大幅に抑えることができれば、自治体の財政にも大きく貢献します。

役場の断熱化は、ここで働く職員の健康や仕事の効率にも良い影響を与えています。庁舎の工事にも携わった都市建設課の金澤礼至さんは、もっとも違いがわかるのが月曜日だと言います。

「土日は役場が休みなので、前の庁舎では冬の月曜の朝はキンキンに冷えきっていました。朝かなり早い段階で暖房を入れていましたが、それでも寒くてたまりませんでした。ところが新庁舎では、外気温がマイナス10℃でも、月曜の朝に行くと金曜日から室温が2℃しか下がっていないのです。快適性やエネルギー効率のアップは、旧庁舎とは比べものになりません」

また新庁舎は、災害時の防災拠点としての役割も担っています。ここでは、プロパンガスを燃料に、電気と熱を同時につくるコージェネレーション設備（発電出力約10kW）を導入しました。非常用の発電機との併用で、停電時でも最大3日間は、町民に開放するスペースの電気を供給できる仕組みになっています。わずかなエネルギーで適温を維持できる高い断熱性能を持つ建物だからこそ、非常時にも安心というわけです。

鉄筋コンクリート造のこの庁舎は、少なくとも100年間は使用できる前提で建てられています。暑さや寒さ、湿度などの影響を受けにくい建物は、耐久性にも優れています。建築時のコストは何割かアップするものの、短期間での建て替えの心配がいらなくなる分、トータルではむしろ安くなります。新しいニセコ町役場は、自治体のこれからの公共施設のあり方を示すモデルとなっていくはずです。

住民の声を活かしたサステナブルタウン

建物単体ではなく、エリア全体を対象にしたプロジェクトもあります。現在、町の市街

写真20

「ニセコミライ」完成予想図（CG）。ニセコのシンボルでもある羊蹄山がそびえる
©株式会社ニセコまち

地に隣接した土地に建設中のＮＩＳＥＫＯ生活モデル地区「ニセコミライ」です。９haの土地に全13棟の集合住宅からなるこのエリアは、完成すれば町民の約１割となる４５０人が入居することができます。すべての街区の完成は、２０２９年を予定しています。

開発を担うのは、地域まちづくり会社「株式会社ニセコまち」です。この会社は、ニセコ町と地域の事業者、そして第二次アクションプラン策定に携わったクラブヴォーバンの共同出資で、20年に設立されました。町としては、すべて行政が手掛けるには負担が大きく、逆にすべて民間でやると物件が高額になって町民に手が届かなかったり、意見が反映されにくくなったりする懸念があったため、官民連携で進めることになりました。

市街地の隣接地に住宅を集めることには、明確な意図があります。豪雪地帯であるニセコ町では、高齢化やライフスタイルの変化とともに、雪かきの困難さや光熱費の高騰、自動車に頼りきった暮らしなど、地域課題がより鮮明になってきています。実際、事業の実施にあたり開催された住民参加型の説明会では、住み替えを検討する主な理由として「冬でも暖かい家に住みたい」「除雪が重荷」「光熱費を抑えたい」といった声が寄せられました。また、ニセコでは世帯数が増えたことで慢性的に住宅が不足するようになっています。「ニセコミライ」は、そうした地域課題を解決する目的で進められているのです。

このエリアでは、建物の高断熱化に加え、太陽光発電や蓄電池も導入し、脱炭素と防災機能を両立させる計画です。市街地の隣接地に必要な施設が揃い、自動車に頼らなくても快適に暮らせる街区をつくることで、CO_2排出量や家計の負担を減らし、高齢者や交通弱者にも優しいまちづくりをめざしています。CO_2排出量については、一般的な同じ規模の開発事業と比べて、建物の断熱のみで54%を削減、さらに太陽光発電や蓄電池、EV

の利用により最大81％まで減らせるとしています（21年時点の計画より。写真20）。
クラブヴォーバン代表で、現在は「株式会社ニセコまち」の取締役も務める村上敦さんは言います。

「現在のニセコ町では、マイカーに頼りたくないと思っても、冬は雪が多くて自転車は使えませんし、公共交通も不便です。そのためマイカーが大人1人に1台必要なのですが、総合的なまちづくりの見直しとカーシェアリングの導入などによって、マイカーなしでも快適に過ごせるエリアをつくりたいと思っています」

ニセコ町の町民はいま、約半数が町の中心部に、残りの半数が郊外の里山に暮らしています。そのため、乗り合いバスやスクールバスにも多額の費用がかかっている状況です。町の中心部

写真21

高性能集合住宅で壁の厚さを説明する村上敦さん　©水本俊也

にある程度の人が集まって暮らすようになることで、持続可能ではない現在の仕組みを変えることができます。

「信じられない」性能の集合住宅

「ニセコミライ」の集合住宅と同等の性能を持つアパートが、すでにニセコ町内にあります。このアパートは、ニセコ高橋牧場の社長の高橋守さんが、従業員寮として地元の工務店に依頼して建設したものです。*6 高橋守さんは、「株式会社ニセコまち」の代表取締役社長も務めています。

壁には断熱材が180㎜、窓にはトリプルガラスの樹脂サッシと、優れた性能を誇ります。特筆すべきことは、このアパートの共益費に、部屋の室温を夏は25℃以下、冬は20℃以上にする「基礎温度提供」という条件が含まれていることです。しかもそれを月々3000〜4000円程度の光熱費という破格の値段で実現しています(写真21)。

光熱費が安い理由は、全8世帯の室温を維持するために使用する冷暖房が、基本的には共用部に設けられた家庭用エアコン(6畳用)4台のみだからです。なお、室内には補助暖房として小さなパネルヒーターがついています。このアパートに暮らすSさんは、「冬は寒さも結露もなく、光熱費はパネルヒーターの分を入れても数千円で済んでいます」と語ります。冬は灯油代だけで2万～3万円かかるのが常識とされるニセコの厳しい冬を知っている人ほど、この室温と金額を聞いて信じられないと驚きます。

町と民間が共同出資する「株式会社ニセコまち」は、住民説明会を40回以上にわたって開催。こうした建物やまちづくりの必要性について説明しながら、丁寧な対話を重ねてきました。その中で、地元の人たちが羊蹄山《ようていざん》の眺望をいかに大切にしているかを理解したことで、計画が一部修正されました。ニセコ町では、行政と民間、そして住民が話し合いながら、将来を見据えた新しいまちの形を積み上げています。

環境と経済は両立できる

鳥取県やニセコ町のような画期的な住宅政策を、他の自治体でも進めるにはどうしたらよいのでしょうか。これらの自治体で共通しているのは、「脱炭素のための政策を通して地域の課題を解決していく」という基本的な考え方が、すべての部署に共有されていることとです。一部の担当部署だけが熱心でも、大きな変化は起こせません。縦割り行政の課題を、どのように打破していけばよいのでしょうか。

ヒントをくれたのは、千葉商科大学の田中信一郎准教授です。田中准教授は、環境・エネルギー政策の専門家として、２０１１年から16年にかけて長野県の「特定任期付職員」として、環境政策を推し進めました。その中で、長野県は13年に「環境エネルギー戦略」を策定、自然エネルギーの拡大や住宅の断熱対策、脱炭素のまちづくりについての画期的な政策を打ち出すようになります。住宅政策では、22年に「信州健康ゼロエネ住宅」という高いレベルの断熱基準を設け、鳥取県と同様にレベルに応じた補助金を出すことを決定しています。こうしたことができるのは、長野県庁全体で脱炭素社会に取り組んでいるからです。なぜ共通認識を持てるようになったのでしょうか。田中准教授が常に念頭に置いていたのは、「環境と経済は両立できない」という思い込みを変えることだったと言います。

「公務員の多くは、住民生活や地域経済を豊かにすることを目標としています。そして環境を優先すると、経済的な豊かさが奪われるのではないかという恐れを抱いています。で

図16　住宅の資産価値

日本とアメリカの住宅の資産価値。投資額に比べて、中古住宅に価値が認められない日本は、住宅の資産価値が下がってしまう。

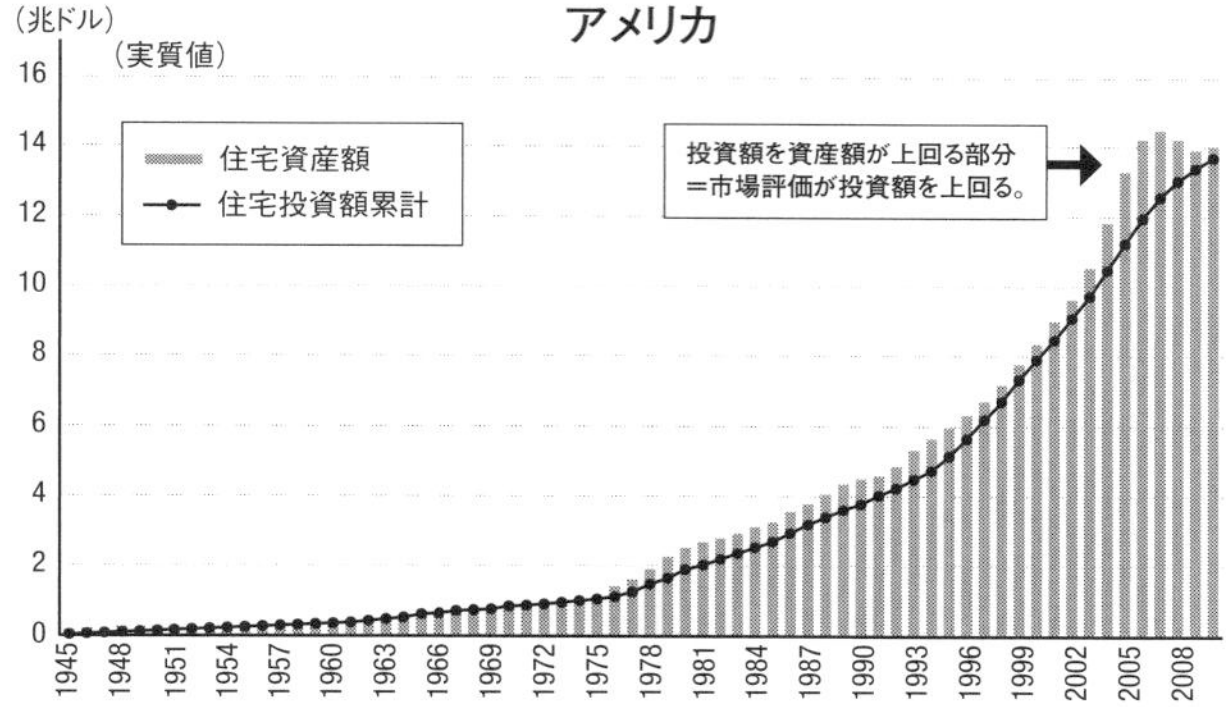

住宅資産額：「Financial Accounts of the United States」（米連邦準備理事会）、住宅投資額累計：「National Income and Product Accounts Tables」（米国商務省経済分析局）※野村資本市場研究所の『我が国の本格的なリバース・モーゲージの普及に向けて』を参考に国土交通省が作成

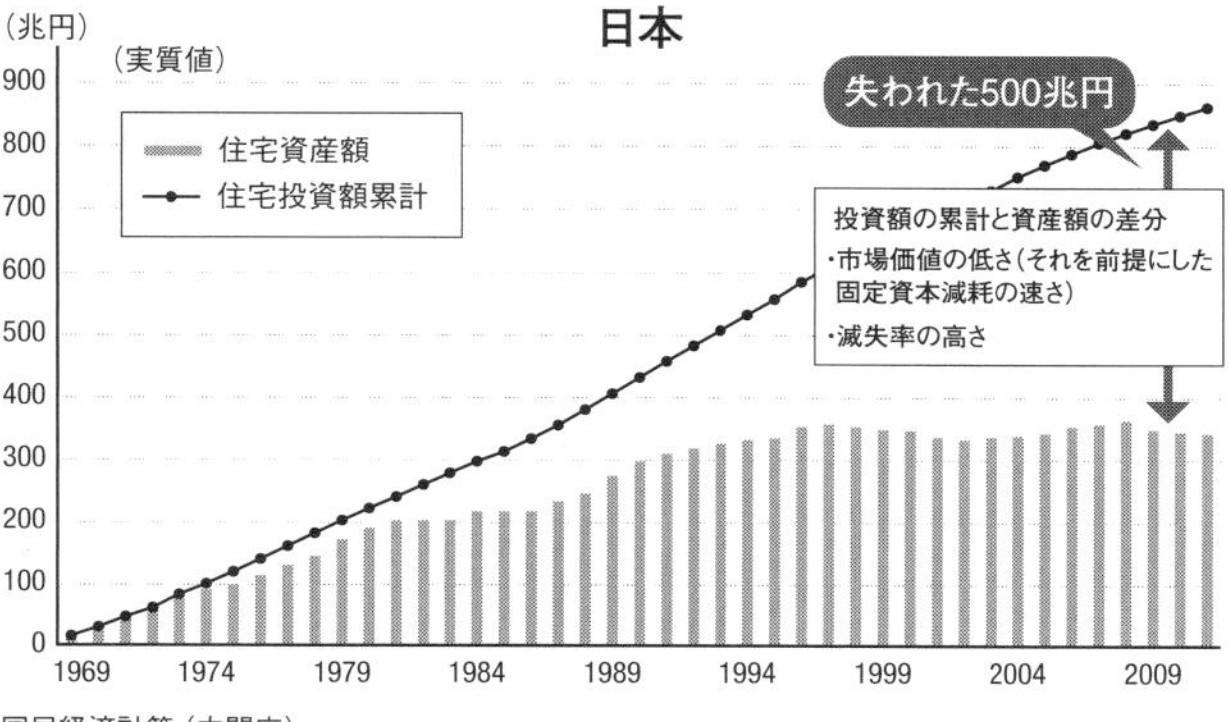

国民経済計算（内閣府）
※野村資本市場研究所の「我が国の本格的なリバース・モーゲージの普及に向けて」を参考に国土交通省が作成　※住宅資産額の2000年以前のデータは、平成17年基準をもとに推計

も実際には、脱炭素の対策がむしろ地域経済を活性化し、住民生活を向上させるのです」

そうした基本的な考え方や方針が全体で共有されたことで、政策は前に進んでいきました。

建物についても同様です。これまでは快適性と省エネは両立できないと考えられてきました。でも、断熱・気密を強化することで両立できるだけでなく、住宅の付加価値を高めて経済にもより良い影響を与えます。脱炭素や持続可能なまちづくりは、これからの人々の暮らしや経済を考える上で欠かせないものです。それを共有することは、自治体の中だけでなく、社会のさまざまな場面でとても大事になってきています。

国に求められる住宅政策

この章の最後に、持続可能なまちづくりのために、国がどのような住宅政策を取るべきかについて考えます。田中准教授が必要性を訴えるのが、「住宅の資産価値を高める政策」です。住宅は、現在の法律では木造なら22年後には価値がゼロになります。それにより国民の資産は大きく減らされています。図16を見てください。アメリカでは、国民が住宅のために支払った費用が長期にわたって有効活用されています。中古住宅も適切に評価されて価値が付くため、資産価値が減りにくくなっています。ところが日本では年とともに急激に評価が下がり、国民はせっかく投資した住宅の資産価値を失っているのです。

国は、住宅の性能を適正に評価することで、中古住宅の資産価値を減らさずに、長期的に活用し続けられる仕組みをつくる必要があります。その際に重要な柱となるのが、住宅の断熱気密性能の向上です。鳥取県が、中古住宅の取引に関して住宅の性能の向上と合わせて新しい評価制度を検討していることは、まさにその点で注目に値します。

田中准教授はさらに、「個別の住宅の断熱性能を高めるだけでは不十分で、まちづくり（都市計画）全体を見直すことも不可欠だ」と指摘します。日本では、どんな建物をどこに建てるかについて、自治体が総合的に調整する法律や権限がありません。土地所有者が、自由に開発できる権限を持っていることで、さまざまな問題が発生しているのです。それが、住宅の資産価値を下げる要因になっています。

例えば、首都圏各地ではいま、駅の周辺に巨大なタワーマンションが建てられています。日本全体では人口が減っているのに、新築のマンションが供給され続ければ、中古の建物の資産価値は相対的に下がってしまいます。

また、２００８年に人口減少時代に突入して15年以上が経つのに、依然として全国的に住宅地の郊外化が進んでいます。それにより、災害の危険性が高いエリアに住む人が増え続けています。日本の人口は減っているにもかかわらず、１９９５年から２０１５年の20年間で、水害時に浸水すると想定される区域内に住む世帯が、およそ３００万世帯も増えて、合計で約１５００万世帯になりました。いかに高性能な建物を建てても、水害に巻き込まれたら価値は下がってしまいます。

このように、行政が住宅の量と質を適切に管理できないことで、国民が持つ住宅の資産価値は減り続けているのです。それをコントロールするためには、自治体が土地利用に関する権限を持てるよう、国が法律を変えるしかありません。

私が取材をしてきたドイツでは、既存住宅の資産価値を減らさないために、数十年先まで見据えて住宅の総量を規制する都市計画が、各自治体によって行われていました。ドイツでは土地所有者の権限には制限があります。建設前から、その土地に建てることのできる建物の高さや形状、用途などがあらかじめ定められているのです。それにより、既存住宅の資産価値が守られています。そして中古住宅は、性能や状態が適正に評価され、高値で流通しています。周囲の住民も、突然隣に巨大な建物が建つというようなことがないので、安心して暮らすことができます。

ドイツの例を見て、将来を見通した計画的なまちづくりをすることの大切さを感じました。日本でも、短期的なＧＤＰや新築着工数ばかりに注目せず、長期的に国民の資産を減らさないための都市計画や住宅政策が必要とされています。

断熱が日本を救う

なぜ日本では、住宅の性能が著しく低いままだったのか。なぜ断熱された住宅をつくることが大事なのか。本書では、そうした疑問から出発して、個人の住宅の話から地域レベル、そして国レベルまで話を展開してきました。

振り返って改めて思ったことは、「外部コスト（隠れたコスト）」を考えることの大切さです。外部コストとは、本来であればコストを負担すべき立場の者が負担せず、外部に押し付けているコストを意味する言葉です。例えば、石炭火力発電で多大な利益をあげてきた事業者は、大気汚染で病気になる人の治療費や、気候変動の被害を受けた人の補償費用を支払うことはありません。一見すると石炭は安いように見えても、それらの被害の費用（外部コスト）を含み込めば、実はとんでもなく高いコストになります。それが明らかになったことで、国際社会では石炭火力を廃止する方向に進んでいます。

住宅の性能についても、同じことが言えます。初期費用が安い住宅は、一見するとお得に見えるのですが、それによって発生するさまざまなコストは、そこに住む家族や、社会が負担しています。本書で取り上げてきた、健康への悪影響や光熱費などランニングコストの増大、さらには資産価値の低下や廃棄物問題などです。長い目で見れば、性能の低い住宅は決して安くもないし、お得でもありません。

そのようなことがわかっていながら、住宅業界は目先の新築着工数を増やすことを優先し、性能の低い住宅を売り続けてきました。そして国も、販売を規制してきませんでした。しかしそのような構造は、居住者にとってはもちろん、住宅業界や国にとっても、持続可能ではないことが明白です。そしていま、人口減少や地域経済の衰退、燃料や物価の高騰などにより、従来のビジネスモデルが立ち行かなくなってきています。いままで目を背けてきた、住宅の外部コストをもっと意識して、仕組みを見直していく必要があるのです。

希望は、「このままではいけない」と考えた、心ある建築関係者、専門家、政治家、自治体関係者、医師、NGO、そして一般の人々が声を上げ、行動を起こしていることです。それによって、いくつかの変化が起こっています。でもまだ足りません。もっと大きな変化を起こすためには、さまざまな分野の人たちが自分ごととして考え、行動し、仕組みを変えていくことが不可欠です。

断熱はとても地味な話なので、日本社会では注目されてきませんでした。しかし、その地味な存在が、日本の住宅やエネルギーをめぐるさまざまな課題を解決する、有力なツールになるのです。皆さんにも、機会を見つけて体感施設に足を運んだり、断熱改修を実施したりしながら、その重要性を体感してほしいと思います。閉塞した日本を救う切り札は、地味ながらコツコツと成果を積み重ねてくれる「断熱」なのです。

おわりに――地味な「断熱」が明日を変える

「ほんとうにたいせつなものは目に見えないんだ」

「断熱」の大切さを語るときにいつも思い浮かべるのは、『星の王子さま』（アントワーヌ・ド・サン゠テグジュペリ著、ドリアン助川訳、皓星社、２０１６年）に登場するこの言葉です。心の中の話であるこの小説の言葉を、建築物のたとえに出すのは不適切かもしれません。でも、断熱材は壁で覆ってしまえば住む人には見えません。多くの人が、人生で一番高い買い物を、中身を見ずに（考えずに）買ってきた事実から考えると、あながち見当はずれでもない気がします。

私が取材を始めたいまから10年ほど前までは、断熱は見えにくいために、マスメディアを含めて世間ではまったく注目されない存在でした。私自身は、この問題の重大性に気づいてから、たびたび企画を提案、発表してきましたが、多くの編集者からはよく「地味ですね」と言われてきました。そう、どうしようもなく地味な存在が、断熱・気密なのです。

日本社会は、最新のテクノロジーが大好きです。特に何千億円もかけた巨大技術や、いまの世の中には存在しない夢のような技術革新に注目する傾向があります。そして、その技術で社会が一気に変わるのではないかと期待しているふしがあります。でもそんな一発逆転は、なかなか起こりません。最新技術というのは、試験期間を経ていない未熟な技術でもあり、実用化までには失敗を繰り返します。さらに普及して社会に影響を与えられるようになるには、量産してコストダウンを図らなければなりません。それまでに長い年月がかかり、途中でお蔵入りする場合もあります。そのため、脱炭素のように急を要する課題には分が悪いのです。

着実に社会を変えていけるのは、断熱・気密のような、すでに完成されたローテクです。壁の中に入れる断熱材の厚さを何㎜にするとか、窓ガラスを1枚から2枚にするとか、地道に隙間を埋めていくとか、そういった地味なことです。最新技術もなく、びっくりするような仕掛けもありません。でも、だからこそ誰にでも仕組みがわかり、地域の工務店が施工でき、安くて壊れにくく、計算通りの性能を発揮してくれます。そしてすでに、数十年にわたる実績があります。その効果が知れ渡れば、社会に一気に広がります。必要なテクノロジーはすでにあります。あと必要なのは、国や自治体、企業などが、本気になって広げていく覚悟と仕組みづくりだけなのです。

残念なことに、これまでの日本の家づくりは、国民の幸せや経済に貢献してきませんでした。そんな中で救いは、家づくりの現場から、変化を求める声が上がり、実践が始まっていることです。私は、住宅実務者の何人もの方から、同じような反省や後悔を聞いてきました。特にヨーロッパの家づくりを学び、日本との違いに衝撃を受けた方がたくさんいました。「これまで良い家をつくっていると思っていたのに、欧州では違法建築レベルでしかなかった」「自分がつくった家で、ヒートショックなどで死んでいる人がいるかもしれない」といった驚きです。

誇りを持って続けてきた自身の仕事を否定するのは、簡単なことではありません。それでも、新たな事実を知り「変わらなければいけない」と考えた人たちが、高い性能の家づくりをめざすようになりました。勇気を持って変化を求めたそうした人たちの行動もあって、断熱の大切さが、日本でもようやく注目されるようになってきたのです。

これから先、世の中の「当たり前」をもっと刷新していくためには、皆さんの関わりも大切です。家をめぐる問題については、すべての住まい手が当事者です。目に見えにくい断熱・気密のことを人々が意識するようになれば、日本の家づくりのあり方や常識が変わります。そして、いまの家づくりを変えることが、50年先、100年先の未来を変えていきます。そのために私も、断熱のように地味にコツコツと、しかし着実に、自分の「伝える」という仕事を果たしていければと思っています。本書をお読みになって、断熱の可能性を感じていただけたら幸いです。そして「まずは何から始めようかな?」と迷ったら、ぜひ内窓を付けることからやってみてほしいと思います。

本書の執筆に際して、本文中に名前の出てくる方々はもちろん、本当にたくさんの方たちに取材へのご協力をいただきました。すべての方のお名前は記せませんが、この場を借りて深く感謝いたします。

最後に、以下のお三方には、最大限の感謝をいたします。エネルギーまちづくり社のメンバーでもある建築家の内山章さんには、本書の全体をプロの目線で精査していただき、貴重なアドバイスをいただきました。ありがとうございました。また、編集を担当していただいた藁谷浩一さんには、本書の企画段階から伴走していただきました。地味なテーマにもかかわらず、問題の重要性をいち早くご理解いただいたことが、心強い支えとなりました。最後に、人生のパートナーである由美子には、今回もさまざまなサポートをしてもらいました。まだ幼い娘を育てながらの執筆は簡単ではありませんでしたが、形にすることができたのは君のおかげです。ありがとう。

※本文中には、新建新聞社「だん」、朝日新聞デジタル「2030SDGsで変える」、生活クラブ生協連合会「生活と自治」、株式会社メンバーズ「Members＋ 脱炭素ＤＸレポート」、扶桑社「ハーバービジネスオンライン ガマンしない省エネ」、クラブヴォーバンＨＰ、エネルギーから経済を考える経営者ネットワーク会議「高橋真樹の全国ご当地エネルギーリポート！」、個人ブログ「高橋さんちのＫＯＥＤＯ低燃費生活」、ゴマブックス『人生の質を向上させるデザイン性×高性能の住まい』に掲載した著者の記事を、大幅に加筆・修正して使用した部分があります。各媒体の関係者及び編集部の皆さんに御礼申し上げます。

註

【第1章】

＊1　総務省消防庁「令和4年8月の熱中症による救急搬送状況」によれば、2022年8月の熱中症発生場所別構成比は住居が39・0％、年齢区分別救急搬送の構成比は高齢者（満65歳以上）が54・9％。

＊2　東京都観察医務院の2022年の調査（東京都23区）によると、熱中症を理由に屋内で亡くなった人の約91％が、エアコンを使用していなかった。

＊3　総務省「住宅・土地統計調査2008」の（二重サッシ又は複層ガラス窓のある住宅数）／（居住世帯のある住宅総数）を地図化した「高断熱住宅普及率の都道府県別比較」より。

＊4　日本高血圧学会「高血圧治療ガイドライン」において推奨グレードAとされているもの。

【第2章】

＊1　ダイキン工業による男女720名を対象とした調査結果（2012年）。

＊2　日本でも、日本の気候に合わせたパッシブハウスを普及させることをめざし、一般社団法人パッシブハウス・ジャパンが設立されている（2010年）。

＊3　宿泊体験をしたのは埼玉県日高市に本社のある工務店・さいが設計工務の所有するモデルハウス。住宅のブランド名は、ウェルネストホーム（当時は低燃費住宅）で、断熱等級は7相当。

＊4　2023年国土交通省「住宅の品質確保の促進等に関する法律に基づく住宅性能表示制度における

ZEH水準を上回る等級について」を参照。

＊5　高橋家の夏の電気代の詳細として、2020年8月は151kWhの使用で4211円。3人家族になった2023年8月分は172kWhの使用で4991円。基本料金は40Aで1180円。この間電気料金の単価は1kWhあたり27円から31円に上昇している。

＊6　契約アンペア数による基本料金の違いを調整した金額。

＊7　総務省統計局ホームページ「家計調査（家計収支編）二人以上の世帯」より。

＊8　消費電力は機種によっても異なるが一般的には大きなものではない。家全体にダクトを張り巡らし、1つの換気設備で全体の空調を管理するダクト式第一種換気装置では、10Wを超えるものもある。

【第3章】

＊1　HEAT20（一般社団法人 20年先を見据えた日本の高断熱住宅研究会）は、断熱性能の高い住宅の普及をめざし、研究や政策提言などを行ってきた組織。HEAT20が推奨する断熱グレードは、G1〜G3まで3段階あり、厳密には違いがあるものの、大まかに言えばそれぞれ2022年に新設された断熱等級5〜7に相当している。

＊2　エネルギーが地域内で循環する持続可能なまちづくりをめざして、エコハウス、エコタウンの設計、施工や、行政へのコンサルティングなどを手掛ける建築士の組織。

【第4章】

＊1　リクルート住まいカンパニー「賃貸契約者に見る部屋探しの実態調査 首都圏版」2016年。
＊2　LIXIL住宅研究所「賃貸住宅の不満に関する調査報告」2015年。
「メディア視点からみた省エネ住宅の浸透策」リクルート住まいカンパニーSUUMO編集長 池本洋一。
＊3　「新築、改築は ZEB Ready 以上の性能を確保」「大規模改修は ZEB Ready 相当の性能をめざす」とされた。なおZEB（ゼロエネルギービル）とは、大規模建築物を対象にしたZEH（ゼロエネルギーハウス）と同等のエネルギー効率の建物。また「ZEB Ready」とは、ZEBの基準から太陽光発電を使わずに一次エネルギー消費量から50％以上のエネルギーを削減する建築物のことを言う。

【第5章】
＊1　井出留美『「死ぬほど暑い」12万年ぶりの猛暑　なぜメディアは表層的な現象しか報じないのか』Yahoo!ニュース、2023年8月20日。
＊2　ドイツの断熱政令、省エネ政令、建物エネルギー法などの法律では、新築における建物各部の断熱・気密の性能値の最低限以上をクリアしなければならない義務が規定されている。図12は、その義務化基準を標準的な住宅に当てはめ、そこで全館暖房で標準的に暮らしたときのエネルギー消費量を推計したもの。
＊3　2022年の欧州各国の消費電力量に占める自然エネルギーの割合は、スウェーデン86％、デンマーク80％、ポルトガル51％、ドイツ48％、スペイン46％、イギリス44％、アイルランド41％など（自然エネルギー財団「電力消費量に占める自然エネルギーの割合」更新日：2023年3月22日）。

安田陽「『連系線』にまつわる誤解と神話」（自然エネルギー財団HP　2014年5月29日付コラム）。安田陽『世界の再生可能エネルギーと電力システム［電力システム編］』（インプレスR&D、2018年）。

＊4　NE-STの認定住宅に加えて、NE-STと同等の性能を有する住宅戸数を加えた割合。

＊5　国土交通省は新設住宅の平均存続年数を、予測値として53・7年としている（2020年11月4日社会資本整備審議会　住宅宅地分科会・建築分科会　既存住宅流通市場活性化のための優良な住宅ストックの形成　及び消費者保護の充実に関する小委員会とりまとめ　参考資料より）。

＊6　施工のアドバイスや建材の提供は、クラブヴォーバンの住宅部門であるウェルネストホームが実施。

参考になるお勧めの書籍・雑誌・動画など

書籍・雑誌・資料

前真之ほか著、伊藤菜衣子編集『あたらしい家づくりの教科書』新建新聞社、2016年
伊藤菜衣子、竹内昌義、松尾和也著『これからのリノベーション　断熱・気密編』新建新聞社、2018年
前真之著『エコハウスのウソ2』日経BP、2020年
松尾和也著、日経ホームビルダー編『ホントは安いエコハウス』日経BP社、2017年
ちきりん著『徹底的に考えてリノベをしたら、みんなに伝えたくなった50のこと』ダイヤモンド社、2019年
笹井恵里子著『室温を2度上げると健康寿命は4歳のびる』光文社新書、2020年
村上敦著『キロワットアワー・イズ・マネー――エネルギー価値の創造で人口減少を生き抜く』いしずえ新書、2014年
田中信一郎著『政権交代が必要なのは、総理が嫌いだからじゃない――私たちが人口減少、経済成熟、気候変動に対応するために』現代書館、2020年
高橋真樹著『日本のSDGs――それってほんとにサステナブル？』大月書店、二〇二一年
雑誌「だん」新建新聞社
雑誌「建築知識ビルダーズ」エクスナレッジ

レポート「住宅・建築物における気候変動対策」（Climate Integrate）

YouTube

持続可能なまちづくりチャンネル（村上敦）https://www.youtube.com/channel/UCLwq67RF5ZhgcUl_ud4ovBA

だんチャンネル 暖か、団らん、高断熱住宅（新建新聞社）https://www.youtube.com/channel/UChNu3iaKOANFRbnn-uRTnRA

兵庫、大阪で高断熱高気密住宅専門の建築家集団 松尾設計室（松尾和也）https://www.youtube.com/@user-bd8ss1ir8l

「木の家専門店」エコワークス公式チャンネル（小山貴史）https://www.youtube.com/channel/UCxCQI2WyZFwbQZ67aF14oTQ

高性能な家づくりチャンネル（今泉太爾）https://www.youtube.com/@bubrossam/about

【家づくりノウハウ配信中】注文住宅ハウスメーカー WELLNEST HOME（早田宏徳）https://www.youtube.com/c/WELLNESTHOME

高橋真樹（たかはし まさき）

一九七三年、東京生まれ。ノンフィクションライター、放送大学非常勤講師。国際NGO職員を経て独立。国内外をめぐり、環境、エネルギー、まちづくり、持続可能性などをテーマに執筆・講演。取材で出会ったエコハウスに暮らす、日本唯一の「断熱ジャーナリスト」でもある。著書に『日本のSDGs―それってほんとにサステナブル？』（大月書店）、『こども気候変動アクション30』（かもがわ出版）、『ぼくの村は壁で囲まれた―パレスチナに生きる子どもたち』（現代書館）ほか多数。

「断熱《だんねつ》」が日本《にほん》を救《すく》う 健康《けんこう》、経済《けいざい》、省《しょう》エネの切《き》り札《ふだ》

集英社新書一一九七B

二〇二四年一月二二日　第一刷発行
二〇二四年三月二七日　第三刷発行

著者……高橋真樹《たかはしまさき》
発行者……樋口尚也
発行所……株式会社集英社
東京都千代田区一ッ橋二―五―一〇　郵便番号一〇一―八〇五〇
電話　〇三―三二三〇―六三九一（編集部）
〇三―三二三〇―六〇八〇（読者係）
〇三―三二三〇―六三九三（販売部）書店専用

装幀……原　研哉
印刷所……TOPPAN株式会社
製本所……加藤製本株式会社
定価はカバーに表示してあります。

ISBN 978-4-08-721297-6 C0252
Printed in Japan

社会――B

ルポ ひきこもり未満	池上正樹
中国人のこころ 「ことば」からみる思考と感覚	小野秀樹
わかりやすさの罠 池上流「知る力」の鍛え方	池上 彰
メディアは誰のものか ――「本と新聞の大学」講義録	一色 清／姜尚中 ほか
京大的アホがなぜ必要か	酒井 敏
天井のない監獄 ガザの声を聴け！	清田明宏
限界のタワーマンション	榊 淳司
日本人は「やめる練習」がたりてない	野本響子
俺たちはどう生きるか	大竹まこと
「他者」の起源 ノーベル賞作家のハーバード連続講演録	トニ・モリスン
言い訳 関東芸人はなぜM-1で勝てないのか	ナイツ 塙 宣之
自己検証・危険地報道	安田純平 ほか
都市は文化《アート》でよみがえる	大林剛郎
「言葉」が暴走する時代の処世術	太田 光／山極寿一
性風俗シングルマザー	坂爪真吾
美意識の値段	山口 桂
ストライキ2.0 ブラック企業と闘う武器	今野晴貴
香港デモ戦記	小川善照
ことばの危機 大学入試改革・教育政策を問う	東京大学文学部広報委員会・編
国家と移民 外国人労働者と日本の未来	鳥井一平
LGBTとハラスメント	神谷悠一／松岡宗嗣
変われ！ 東京 自由で、ゆるくて、閉じない都市	隈 研吾／清野由美
東京裏返し 社会学的街歩きガイド	吉見俊哉
人に寄り添う防災	片田敏孝
プロパガンダ戦争 分断される世界とメディア	内藤正典
イミダス 現代の視点2021	イミダス編集部・編
中国法「依法治国」の公法と私法	小口彦太
福島が沈黙した日 原発事故と甲状腺被ばく	榊原崇仁
女性差別はどう作られてきたか	中村敏子
原子力の精神史――〈核〉と日本の現在地	山本昭宏
ヘイトスピーチと対抗報道	角南圭祐
世界の凋落を見つめて クロニクル2011-2020	四方田犬彦
「自由」の危機 ――息苦しさの正体	藤原辰史／内田 樹 ほか

集英社新書　好評既刊

科学――G

博物学の巨人 アンリ・ファーブル　奥本大三郎
生き物をめぐる4つの「なぜ」　長谷川眞理子
ゲノムが語る生命　中村桂子
安全と安心の科学　村上陽一郎
松井教授の東大駒場講義録　松井孝典
時間はどこで生まれるのか　橋元淳一郎
非線形科学　蔵本由紀
欲望する脳　茂木健一郎
大人の時間はなぜ短いのか　一川誠
電線一本で世界を救う　山下博
量子論で宇宙がわかる　マーカス・チャウン
挑戦する脳　茂木健一郎
錯覚学――知覚の謎を解く　一川誠
宇宙は無数にあるのか　佐藤勝彦
ニュートリノでわかる宇宙・素粒子の謎　鈴木厚人
宇宙論と神　池内了

非線形科学 同期する世界　蔵本由紀
宇宙を創る実験　村山斉・編
地震は必ず予測できる！　村井俊治
宇宙背景放射「ビッグバン以前」の痕跡を探る　羽澄昌史
チョコレートはなぜ美味しいのか　上野聡
AIが人間を殺す日　小林雅一
したがるオスと嫌がるメスの生物学　宮竹貴久
地震予測は進化する！　村井俊治
プログラミング思考のレッスン　野村亮太
ゲノム革命がはじまる　小林雅一
ネオウイルス学　河岡義裕
リニア新幹線と南海トラフ巨大地震　石橋克彦
宇宙はなぜ物質でできているのか　小林誠・編著
「推し」の科学　久保(川合)南海子

a pilot of wisdom

教育・心理——E

好評既刊

集英社新書

医療・健康――I

手術室の中へ――麻酔科医からのレポート	弓削孟文
赤ちゃんと脳科学	小西行郎
病院なんか嫌いだ	鎌田實
うつと自殺	筒井末春
人体常在菌のはなし	青木皐
医師がすすめるウオーキング	泉嗣彦
病院で死なないという選択	中山あゆみ
心もからだも「冷え」が万病のもと	川嶋朗
知っておきたい認知症の基本	川畑信也
誰でもなる！ 脳卒中のすべて	植田敏浩
医師がすすめる男のダイエット	井上修二
肺が危ない！	生島壮一郎
ウツになりたいという病	植木理恵
腰痛はアタマで治す	伊藤和磨
介護不安は解消できる	金田由美子
話を聞かない医師 思いが言えない患者	磯部光章
発達障害の子どもを理解する	小西行郎
先端技術が応える！ 中高年の目の悩み	横井則彦 清水公之 柳田和男 井出浩 田中邦究
災害と子どものこころ	丁宗鐵
名医が伝える漢方の知恵	坪田一男
ブルーライト 体内時計への脅威	三池輝久
子どもの夜ふかし 脳への脅威	小林弘幸
「間」の悪さは治せる！	梶本修身
すべての疲労は脳が原因	井齋偉矢
西洋医学が解明した「痛み」が治せる漢方	福田正博
糖尿病は自分で治す！	西道隆臣
アルツハイマー病は治せる、予防できる	梶本修身
すべての疲労は脳が原因2〈超実践編〉	髙瀬義昌
認知症の家族を支える ケアと薬の「最適化」が症状を改善する	大室正志
産業医が見る過労自殺企業の内側	梶本修身
すべての疲労は脳が原因3〈仕事編〉	鎌田實
人間の値打ち	川島隆太
スマホが学力を破壊する	

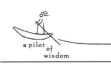